本书受国家经济安全预警工程北京实验室资助
（项目编号：B18H100040、B19H100010 ）

北京市哲学社会科学
Beijing Philosophy and Social Science
北京产业安全与发展研究基地
Beijing Research Base of Industrial Security and Development

北京交通大学哲学社会科学研究基地系列丛书

文化产业发展路径与安全预警机制研究
——以丝绸之路经济带沿线省区市为背景

RESEARCH ON THE DEVELOPMENT PATH OF
CULTURAL INDUSTRY AND SECURITY EARLY WARNING MECHANISM:
Taking the Provinces along the Silk Road Economic Belt as the Background

赵山花　李孟刚 ◎ 著

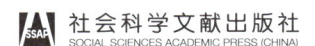

社会科学文献出版社
SOCIAL SCIENCES ACADEMIC PRESS (CHINA)

中文摘要

　　古代丝绸之路蕴含着丰富的历史文化内涵，其形成和发展的重要特征之一是文化和经济的相互介入。中国国家主席习近平于 2013 年提出建设"丝绸之路经济带"和"21 世纪海上丝绸之路"的倡议，文化产业作为此研究的切入口，有利于驱动全方位对外开放，调整产业结构，增强国际竞争力，扩大国际影响力，进而展现我国日益增长的综合国力。

　　由于历史原因和现实条件的制约，丝绸之路经济带共建国家和地区文化产业的合作还存在诸多瓶颈，因此，在丝绸之路经济带建设过程中，为率先实现文化产业区域合作，可通过完善文化产业政策、建立自由贸易区、布局对外文化经贸合作区、发展具有民族特色的文化产业等方式加大对共建国家的对外文化投资，实现产业优势互补、引领产业集聚、完善产业制度、提升产业实力的整体目标。

　　首先，本书对我国文化产业的发展历程和国内外文化产业的研究状况进行了梳理，并以丝绸之路经济带沿线省区市中的新疆维吾尔自治区、陕西省、云南省为例，通过 SWOT 分析、多维导向发展模式分析等方法，阐述了丝绸之路经济带沿线省区市增强文化产业竞争力的路径，并提出完善复合型文化产业人才培养制度、推动文化产业与科技发展相融合、拓宽多元文化产业投融资渠道等发展文化产业的建议。

　　其次，本书分析了文化产业安全的内涵和构建原则，阐释了丝绸之路经济带文化产业安全面临的主要问题，提出构建文化产业安全预警机制的重要意义，并从坚持社会主义核心价值体系、拓展商业模式、保护知识产权等角度提出丝绸之路经济带文化产业安全度提升的对策建议。

丝绸之路经济带文化产业发展过程中要实施自然资源和人文资源的整合战略，通过积极发挥文化创意优势和重点、核心文化企业的带动或辐射作用，推动丝绸之路经济带特色文化旅游产业与新型城镇化建设相结合，引导文化产业投融资，支持丝绸之路经济带共建国家和地区加强教育深度合作，培养文化产业复合型人才，实现文化与旅游、文化与科技、文化与金融的融合发展，建立文化产业发展的长效机制。

关键词：丝绸之路经济带　文化产业　安全预警

Abstract

The ancient Silk Road contains rich historical and cultural connotations. One of the important characteristics of its formation and development is the mutual involvement of culture and economy. In 2013, president of the People's Republic of China Xi Jinping has proposed the strategy of building the Silk Road Economic Belt and the 21st -Century Maritime Silk Road. As a key point for this research, the cultural industry is conducive to driving all-round opening up, adjusting industrial structure, enhancing international competitiveness, expanding international influence and thus demonstrating China's growing comprehensive national strength.

Due to the restriction of historical reasons and realistic conditions, there are still many bottlenecks in the cooperation of cultural industries in countries and regions along the Silk Road Economic Belt. Therefore, in the process of constructing the Silk Road Economic Belt, we need to take the lead in achieving regional cooperation in cultural industries. China increase foreign cultural investment in countries along the route by improving cultural industry policies, establishing free trade zones, laying out foreign cultural economic and trade cooperation zones and developing cultural industries with national characteristics for achieving complementary industrial advantages, leading industrial agglomeration, perfecting the system of industry and promoting cultural industry.

This report firstly sorts out the development process of China's cultural industry and the research status of cultural industry at home and abroad. Taking the Xinjiang Uygur Autonomous Region, Shaanxi Province and Yunnan Province in the provinces and cities along the Silk Road Economic Belt as examples, through SWOT analysis, multi-dimensional oriented development model analysis and other methods, this paper expounds the ways for the provinces and cities along the Silk Road Economic Belt to enhance the competitiveness of cultural industry and proposes to improve the compound culture industry personnel training system, promoting the integration of cultural industry with science and technology development, expanding the channels of investment and financing in the multi-cultural industry and other suggestions.

Secondly, this report analyzes the connotation and construction principles of cultural industry securities, explains the main problems facing by the cultural security of the Silk Road Economic Belt and puts forward the significance of constructing a cultural industry early warning, and adheres to the socialist core value system and broadens the business. In addition, some policy suggestions are put forward to improve the security of the cultural industry along the Silk Road Economic Belt from the perspectives of adhering to the socialist core value system, broadening the business model and protecting intellectual property rights.

The conclusion of this report proposes that the integration strategy of natural resources and human resources should be implemented in the development of cultural industry in the Silk Road Economic Belt. We should give full play to our cultural creativity strengths and core cultural enterprises to play a leading or radiating role. We should promote the characteristic cultural tourism industry and new type of the Silk Road Economic Belt. Combine urbanization construction, guide cultural industry investment financing, support countries and regions along the Silk Road Economic Belt to strengthen deep education cooperation, cultivate cultural industry composite talents, realize the integration and development of culture and tourism, culture and technology, culture and finance, and establish a long-term mechanism for the development of the cultural industry.

Keywords: the Silk Road Economic Belt; Cultural Industry; Early Warning

目 录

1 绪论 ··· 1
　1.1 研究背景和意义 ·· 1
　1.2 研究内容和方法 ·· 10
　1.3 创新点 ·· 12

2 国内外文化产业发展相关研究现状 ···································· 14
　2.1 国内文化产业发展相关研究现状 ································ 14
　2.2 国外文化产业发展相关研究概况 ································ 19

3 丝绸之路经济带沿线省区市文化产业发展路径分析 ············ 23
　3.1 新疆丝绸之路经济带文化产业发展 SWOT 分析 ·········· 25
　3.2 陕西丝绸之路经济带文化产业发展分析 ······················ 36
　3.3 云南丝绸之路经济带文化产业发展探析 ······················ 41
　3.4 丝绸之路经济带沿线省区市文化产业竞争力提升路径分析
　　　 ··· 48

4 丝绸之路经济带文化产业发展建议和对策 ························· 59
　4.1 制定符合时代发展的文化产业政策 ···························· 59

4.2 完善复合型文化产业人才培养制度 ·················· 61
4.3 推动文化产业与科技发展相融合 ···················· 66
4.4 建立多元文化产业投融资渠道 ······················ 68
4.5 借鉴发达省区市文化产业发展的经验 ················ 71

5 丝绸之路经济带文化产业安全预警机制的构建 ·········· 74
5.1 丝绸之路经济带文化产业安全面临的主要问题 ········ 74
5.2 丝绸之路经济带文化产业安全的内涵和评价体系的构建原则
 ·· 77
5.3 丝绸之路经济带文化产业安全评价的特点 ············ 81
5.4 丝绸之路经济带文化产业安全度提升的政策建议 ······ 81

6 主要结论及展望 ·· 92
6.1 主要结论 ·· 92
6.2 研究展望 ·· 93

参考文献 ·· 95

附录 文化产业政策相关文件汇编（部分） ················ 111

后 记 ·· 183

1　绪论

文化产业不同于其他产业,它具有社会属性和经济属性。文化产业的社会属性体现的是文化的社会交流功能、传播功能和教育功能,为广大民众提供精神食粮。文化产业能够让民众体会到感性消费的乐趣,并且比其他实体产业更能让人体会到幸福感。文化产业与一个国家人民的生活品质密切相关,而人民的生活品质直接体现出国家的整体形象。文化产业的经济属性体现为文化产业对经济效益的提升作用,是可消费的商品贸易。文化产业的经济属性决定了文化企业的生产以增加利润、实现产品的价值和增值为目的。

文化产业的发展既关乎国家文化安全,也涉及国民经济发展。丝绸之路经济带文化产业的发展对共建国家和地区的发展具有重要的现实意义。首先,文化产业会提供就业机会,产生较大的经济效益;其次,文化产业是国家经济发展的重要经济引擎,没有文化产业或者文化产业发展水平较低,一个国家将缺乏自我发展的机会和动力。

1.1　研究背景和意义

1.1.1　文化产业发展历程

我国文化产业的发展历经了诸多阶段。本书首先对我国文化产业自 2000 年以来的发展历程做全面梳理，以便纵向把握丝绸之路经济带文化产业发展的重要性。

我国文化产业在 2000 年以后发展迅速。2000 年 10 月，中共十五届五中全会报告中正式提出大力发展文化产业，提出中国文化"走出去"的战略，"文化"成为关注的焦点。2001 年 3 月，文化产业发展正式被纳入国家"十五"计划。2002 年 11 月，在党的十六大报告中，明确提出积极发展文化事业和文化产业，深化文化体制改革。《文化部关于支持和促进文化产业发展的若干意见》是 2003 年颁布的文件，文件将文化产业界定为"从事文化产品生产和提供文化服务的经营性行业"。2003 年 12 月，在全国宣传思想工作会议上，中共中央又再次强调"大力发展涉外文化产业，积极参与国际文化竞争"，中国文化"走出去"的战略得到广泛认可。2004 年，国家统计局及相关政府部门，会同文化产业研究的专家，结合我国综合国力，根据产业关联度、投入产出比例、产业链间资源综合利用情况、就业率等指标，将文化产业划分为 2 个部分，9 个大类，24 个中类，80 个小类。

2006 年 9 月颁布的《国家"十一五"时期文化发展规划纲要》是我国政府中长期的文化建设文件，对 2006—2010 年我国文化事业的发展目标、战略重点进行了全面部署。

2008 年我国设立文化产业发展专项资金。专项资金的设立是文化产业作为国家战略性行业实现超越的必然选择，也是文化政策作为宏观政策发挥作用，以及政府促进文化体制改革和文化产业发展的重要手段。

2009 年 9 月，国务院通过的《文化产业振兴规划》全文发布。该规划是我国首部全国性的文化产业专项规划，提出了着重发展重点文化产业、支持重点文化企业的发展、促进文化产业园的建设、提高文化的传播力和影响力、发展新兴文化业态和扩大文化对外贸易等重点任务。该规划对于我国应对国际金融危机、促进经济结构调整具有重要意义。

2011年10月党的十七届六中全会进一步强调,"必须构建统一开放竞争有序的现代文化市场体系"。由此,我国文化市场实现了规模持续扩大、市场体系不断完善的目标,呈现门类齐全、层次多样的特点。

2012年至今,我国文化产业进入全面发展阶段。2012年7月,《文化及相关产业分类(2012)》由国家统计局修订和颁布,文化产业发展的整体水平得到了国家的重点关注。2012年11月,党的十八大报告中提出将文化产业发展成规模化、集约化、专业化的产业,进一步探索文化发展的新业态,确立我国在2020年实现把文化产业建设成为国民经济支柱性产业的目标。

2014年,《国务院关于推进文化创意和设计服务与相关产业融合发展的若干意见》印发,文件将强化人才培养、实施文化创意和设计服务人才扶持计划作为工作重点。此指导文件提出:在文化企业建设方面,要建设一批具有核心竞争力的企业;在产业格局方面,要与相关产业全领域、深层次、全方位融合;在人才培养方面,要培养一批高素质专业人才;在知识产权方面,要打造一批具有自主知识产权和国际竞争力的文化产品等。

表1-1为2005—2015年我国文化及相关产业增加值、同比增长率及其占GDP比重的情况。

表1-1 2005—2015年我国文化及相关产业增加值、同比增长率及其占GDP比重

单位:亿元,%

年份	增加值	同比增长率	占GDP比重
2005	4253	37.1	2.3
2006	5123	20.5	2.4
2007	6455	26.0	2.4
2008	7630	18.2	2.4

续表

年份	增加值	同比增长率	占 GDP 比重
2009	8786	22.6	2.5
2010	11052	25.8	2.8
2011	13479	22.0	2.9
2012	18071	16.5	3.5
2013	21870	11.1	3.7
2014	24538	12.2	3.8
2015	27235	11.0	4.0

资料来源：国家统计局社会科技和文化产业统计司、中宣部文化体制改革和发展办公室编《中国文化及相关产业统计年鉴—2016》，中国统计出版社，2016。

2016年12月23日，国务院总理李克强主持召开会议，审议通过《西部大开发"十三五"规划》，部署进一步推动西部大开发工作。在此规划中，我国政府强调必须牢固树立和贯彻落实创新、协调、绿色、开放、共享的新发展理念。在丝绸之路经济带建设和西部大开发的背景下，文化产业充分体现了绿色、开放等发展理念。

2017年4月颁布的《文化部"十三五"时期文化产业发展规划》，将文化产业发展的总体要求、主要任务、重点行业和保障措施予以阐述，并以8个专栏列出22项重大工程和项目，着力增强可操作性，是指导"十三五"时期文化产业工作的总体规划。

2018年政府工作报告中，提出做大做强新兴产业集群，实施大数据发展行动，在文化、教育和体育等领域推进"互联网+"；加强互联网内容建设，深入实施文化惠民工程，培育新型文化业态，加快文化产业发展；支持社会力量增加文化、医疗、教育等服务供给；在公共文化服务领域，深入推进产业、文化、教育、健康、生态等扶贫，补齐公共服务短板；完善农村教育、文化等公共服务；弘扬中华优秀传统文化，继承革命文化，发展社会主义先进文化，培育和实践社会主义核心价值观；深化中外人文交流，增强中华文化影响力。

文化产业的发展离不开国家政策的引导。丝绸之路经济带文化产业发展研究是在共建"丝绸之路经济带"和"21世纪海上丝绸之路"（以下简称"一带一路"）的背景下开展的。2013年9月7日，国家主席习近平在哈萨克斯坦纳扎尔巴耶夫大学做重要演讲，提出共同建设"丝绸之路经济带"的倡议。2013年10月，国家主席习近平访问东盟国家时提出双方互建"21世纪海上丝绸之路"的设想。这一设想着眼于中国与东盟建立战略伙伴关系10周年这一历史新起点，以进一步深化我国与东盟的合作关系，构建命运共同体。2013年，国务院总理李克强参观中国-东盟博览会展馆时强调，中国将铺就面向东盟的海上丝绸之路，打造带动腹地发展的支点。中国倡议的"一带一路"涵盖了众多国家，为共同寻求区域经济发展提供了新平台、开拓了新路径。

2015年3月，《推动共建丝绸之路经济带和21世纪海上丝绸之路的愿景与行动》由国家发展改革委、外交部、商务部联合发布，从时代背景、共建原则、框架思路、合作重点、合作机制、中国各地方开放态势、中国积极行动、共创美好未来等方面阐述了中国发展社会经济、推动世界文明发展的远见卓识。表1-2为共建"一带一路"国家和地区名单。

表1-2 共建"一带一路"国家和地区

地区	国家
亚洲	蒙古国
	印度尼西亚、马来西亚、菲律宾、新加坡、泰国、文莱、越南、老挝、缅甸、柬埔寨、东帝汶
	尼泊尔、不丹、印度、巴基斯坦、孟加拉国、斯里兰卡、马尔代夫、哈萨克斯坦、土库曼斯坦、吉尔吉斯斯坦、乌兹别克斯坦、塔吉克斯坦、阿富汗
	伊朗、伊拉克、土耳其、叙利亚、约旦、以色列、巴勒斯坦、沙特阿拉伯、巴林、卡塔尔、也门、阿曼、阿拉伯联合酋长国、科威特、黎巴嫩、格鲁吉亚、亚美尼亚、阿塞拜疆

续表

地区	国家
欧洲	阿尔巴尼亚、波斯尼亚和黑塞哥维那、保加利亚、克罗地亚、捷克、爱沙尼亚、匈牙利、拉脱维亚、立陶宛、北马其顿、黑山、罗马尼亚、波兰、塞尔维亚、斯洛伐克、斯洛文尼亚
独联体	俄罗斯、白俄罗斯、乌克兰、摩尔多瓦
非洲	埃及

资料来源：中国社会科学院发布的《"一带一路"沿线国家名单》。

"一带一路"倡议所构建的全方位、多层次、宽领域的开发体系，体现出互联互通的特点。2014年11月8日，国家主席习近平在"加强互联互通伙伴关系"东道主伙伴对话会上的讲话指出，"我们要建设的互联互通，不仅是修路架桥，不光是平面化和单线条的联通，而更应该是基础设施、制度规章、人员交流三位一体，应该是政策沟通、设施联通、贸易畅通、资金融通、民心相通五大领域齐头并进。这是全方位、立体化、网络状的联通，是生机勃勃、全策全力的开放系统"。①

表1-3为互联互通指数指标体系。

表1-3 互联互通指数指标体系

一级指标	二级指标	三级指标
A 政策沟通	A1 政治互信	A11 高层交流频繁度
		A12 伙伴关系
		A13 政策沟通效度
	A2 合作机制	A21 驻我国使馆数
		A22 双边重要文件数
	A3 政治环境	A31 政治稳定性
		A32 清廉指数

---

① 《习近平在"加强互联互通伙伴关系"东道主伙伴对话上的讲话》，新华网，http://www.xinhuanet.com/world/2014-11/08/c_127192119.htm。

续表

一级指标	二级指标	三级指标
B 设施联通	B1 交通设施	B11 物流绩效指数
		B12 是否与中国直航
		B13 是否与中国铁路联通
		B14 是否与中国海路联通
	B2 通信设施	B21 电话线路覆盖率
		B22 互联网普及率
	B3 能源设施	B31 石油输送力
		B32 天然气输送力
		B33 电力输送力
C 贸易畅通	C1 畅通程度	C11 关税水平
		C12 非关税贸易壁垒
		C13 贸易条件指数
		C14 双边贸易额
	C2 投资水平	C21 双边投资协定
		C22 中国对该国直接投资流量
		C23 该国对中国直接投资流量
	C3 营商环境	C31 跨国自由贸易度
		C32 商业管制
D 资金融通	D1 金融合作	D11 货币互换合作
		D12 金融监管合作
		D13 投资银行合作
	D2 信贷体系	D21 信贷便利度
		D22 信用市场规范度
	D3 金融环境	D31 总储备量
		D32 公共债务规模
		D33 货币稳健性

续表

一级指标	二级指标	三级指标
E 民心相通	E1 旅游活动	E11 旅游目的地热度
		E12 来华旅游人数
	E2 科教交流	E21 科研合作
		E22 百万人拥有孔子学院数量
	E3 民间往来	E31 我国网民对该国的关注度
		E32 该国网民对我国的关注度
		E33 友好城市数量
		E34 民众好感度

资料来源：国务院发展研究中心编《中国经济年鉴·一带一路卷》，中国经济年鉴社，2015。

2016年12月29日，《文化部"一带一路"文化发展行动计划（2016—2020年）》（文外发〔2016〕40号）正式发布，此行动计划是为落实《推动共建丝绸之路经济带和21世纪海上丝绸之路的愿景与行动》，加强与共建国家和地区的文明互鉴、民心相通，切实推进文化交流、文化传播和文化贸易创新发展而制定。此行动计划提出了"一带一路"文化发展的指导思想是推动与共建"一带一路"国家和地区的文化交流与合作，传承丝绸之路精神，促进文明互鉴，实现民心相通，推动中华文化"走出去"，扩大中华文化的国际影响力。"一带一路"文化发展的基本原则是政府主导，开放包容；交融互鉴，创新发展；市场引导，互利共赢。"一带一路"秉持开放原则，强调在维护文化多元性的基础上共谋发展、共同繁荣和共享和平。此行动计划为丝绸之路经济带文化交流、文化合作的深入开展绘制了蓝图，也为丝绸之路经济带文化产业的发展研究指明了方向。

1.1.2 研究的意义

本书围绕丝绸之路经济带建设中文化产业的战略功能、文化产业发展的便利条件和制约因素、文化产业合作的路径等问题展开深入研究，兼具理论和现实意义。在理论方面，将在一定程度上弥补现有文化产业发展战略方面的缺陷和不足，进而丰富我国文化产业发展战略的理论体系；在实践方面，本书的研究结论将为文化产业管理部门和文化企业出台相关政策、制定有关决策提供参考和借鉴。

其一，为我国中长期文化产业发展战略的制定提供参考。从丝绸之路经济带文化产业布局的宏观层面讲，通过本书的研究，把握我国文化产业发展战略的发展形态，为我国中长期文化产业发展战略的制定提供参考。文化资源、产业政策等因素的叠加为文化产业成为区域支柱性产业提供了可行性，也契合了我国建设丝绸之路经济带的宏观战略。本书将文化产业作为转变经济发展方式的战略性问题进行考察，分析丝绸之路经济带沿线省区市保护和开发丝绸之路文化资源的有益经验，探求以丝绸之路为主题的特色文化产业发展路径，对"一带一路"倡议下我国西北地区诸省区市提升区域文化产业竞争力大有裨益。

其二，促进丝绸之路经济带共建国家和地区间的文化交流。丝绸之路经济带文化产业研究服从并服务于国家"一带一路"倡议规划，这不仅涉及文化产业层面的经济目标，而且涵盖国家对外开放政策、西部大开发总体战略，进而通过文化贸易、文化交流等方式促进"一带一路"沿线省区市文化资源的整合，丝绸之路经济带共建国家和地区间的文化交流。在平等互利、合作共赢的文化交流、文化双向贸易的基础上，增强丝绸之路经济带共建国家和地区与我国的政治互信，减轻对我国实施"一带一路"倡议的警惕和抵触情绪，构建我国文化产业安全预警机制，夯实实施"一带一路"倡议的文化基础。

1.2 研究内容和方法

1.2.1 研究内容

本书将结合国家文化产业发展历程和"一带一路"倡议，致力于促进丝绸之路历史文化资源的保护和利用，探析丝绸之路经济带沿线省区市文化资源保护和开发的路径。结合文化产业发展历程中产生的问题，以文化产业学、文化经济学、文化政策学、历史学等学科为理论基础，立足我国文化产业现状和共建"一带一路"国家和地区的文化交流活动，在深入研读文化产业相关文献资料的基础上，逐步厘清丝绸之路经济带建设过程中文化产业发展的基本内涵、产业分类和基本特征，提出丝绸之路经济带建设中文化产业特色发展、文化产业运行模式和文化产业竞争力的提升路径。本书将充分参照文化和旅游部产业发展司、国家统计局、联合国教科文组织等机构和国际组织的数据统计资料，使研究在更加广泛的范围内进行；在研究过程中，既关注开发丝绸之路文化资源较为成功的大型文化企业集团，又致力于分析小型文化企业在丝绸之路经济带建设中的发展之道；运用定性和定量分析法、案例分析法、比较研究法等，通过全面、客观的分析，深化对文化产业理论和政策的研究，比较分析中国文化产业与西方国家文化产业发展的异同，进而更为科学、严谨地把握我国"一带一路"倡议。

本书的研究框架如图 1-1 所示。

1.2.2 研究方法

本书的研究具有综合性和交叉性的特点，相关研究融合了文化产业学、历史学、经济学和管理学等诸多学科理论、方法和成果，并将对丝绸之路经济带沿线省区市文化产业发展进行综合研究。

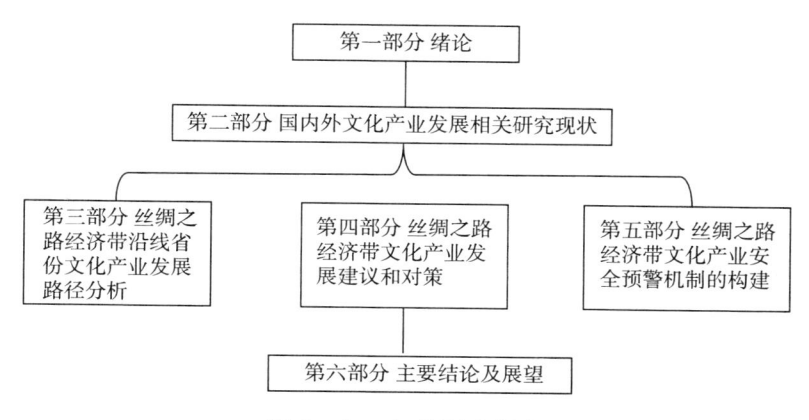

```
                ┌─────────────────────┐
                │   第一部分 绪论      │
                └──────────┬──────────┘
                           │
        ┌──────────────────┴──────────────────┐
        │ 第二部分 国内外文化产业发展相关研究现状 │
        └──────────────────┬──────────────────┘
     ┌─────────────┬───────┴────────┬─────────────┐
┌────┴─────┐  ┌────┴─────┐     ┌────┴─────┐
│第三部分 丝绸│  │第四部分 丝绸│     │第五部分 丝绸│
│之路经济带沿线│  │之路经济带文化│     │之路经济带文化│
│省份文化产业 │  │产业发展建议 │     │产业安全预警 │
│发展路径分析 │  │和对策       │     │机制的构建   │
└──────────┘  └────┬─────┘     └──────────┘
                   │
            ┌──────┴───────┐
            │第六部分 主要 │
            │结论及展望    │
            └──────────────┘
```

图 1-1 本书研究框架

1. 案例分析法

由于丝绸之路经济带建设中文化产业开发的实践性和应用性较强，在研究中，以丝绸之路经济带沿线重点省区市为例，剖析文化资源保护和开发对文化产业的重要意义，探究提升文化产业竞争力的路径。

2. 定性和定量分析法

定性分析法侧重于文化产业质的规定性，尤其侧重于文化产业基础理论方面的研究；定量分析法可以使我们运用现有的文化产业数据对文化产业的竞争力、对外依存度、利润水平、文化资源分布等要素进行量化分析，为发展更具特色的文化产业提供条件。

3. 实地调查法

对丝绸之路经济带沿线具有代表性的城市，如陕西省西安市、甘肃省敦煌市、宁夏回族自治区银川市、新疆维吾尔自治区乌鲁木齐市等进行实地调研，搜集文化遗产统计数据和图片资料；并对文化产业从业者、政府部门管理者和民众进行相关的调研，分析丝绸之路经济带建设中文化产业的现状和存在的问题，为提升我国文化产业竞争力提供支持。

1.3　创新点

结合对文化产业、企业战略管理相关理论的梳理以及文化产业区域合作发展的现状,本书拟在以下几个方面有所突破。

其一,在小微文化企业发展方面,将根据《国务院关于进一步支持小型微型企业健康发展的意见》(国发〔2012〕14号)、《文化部 工业和信息化部 财政部 关于大力支持小微文化企业发展的实施意见》(文产发〔2014〕27号)文件,依托丝绸之路经济带沿线历史文化资源,借助国家丝绸之路经济带倡议,为小微文化企业在游戏业、动画产业、工艺美术业、创意设计业、网络文化业、数字文化业、文化会展业等领域培育企业优势、提升管理经营水平等提供发展策略。

其二,在规范和健全文化产业金融支持政策体系方面,提倡建立多渠道、多主体的文化产业投融资体制,形成适应市场经济要求的筹资机制和多途径、多形式的投入机制,推动区域内文化互联互通,消除贸易壁垒,降低文化贸易和投资成本,在财税优惠、降低社会资本进入门槛等方面进一步进行规范。

其三,倡导建立丝绸之路文化产业合作数据库,积极收集、传递各国文化发展政策和规划、文化基础设施建设、文化产业项目建设的信息,加强各国文化产业发展合作。建立国内文化产业区域合作机制,由国家文化部门牵头协调,对文化产业合作活动进行统筹,建立国内西部沿线文化企业联合机制,通过品牌合作、服务合作、文化资源合作等,共同开拓国外文化市场,提升产业竞争力。

其四,实施人才战略,提高文化资源的利用效率。高素质人才是文化产业政策高效率实施的关键;在文化企业的综合竞争中,核心因素是人才的竞争力。人力资源的匮乏不仅会影响文化产业竞争力,制约文化企业的运作能力和创新能力,还将影响企业对国家政策资源的利用效率。本书将在构建文化产业人才教育培训体系和人才培养等方面进行深入研究。

2 国内外文化产业发展相关研究现状

2.1 国内文化产业发展相关研究现状

（一）研究机构数量增多

国内多所著名大学和科研单位成立了诸多文化产业研究机构，致力于培养文化产业经营管理人才，深化文化产业理论与政策，为政府、企业界和社会提供理论和政策参考，如中国社会科学院文化研究中心、北京大学文化产业研究院、清华大学国家文化产业研究中心、中国传媒大学文化发展研究院、北京交通大学中国文化产业研究院、北京交通大学丝绸之路研究中心、山东大学文化产业研究院、深圳大学文化产业研究院、中国人民大学文化产业研究院、上海交通大学国家文化产业创新与发展研究基地、北京外国语大学丝绸之路研究院、西安交通大学丝绸之路经济带法律政策协同创新中心、西北大学丝绸之路研究院、陕西文化产业研究院等。加之诸多教育部国别和区域研究培育基地、相关智库机构等，这些研究机构、研究基地和智库机构整合文化产业相关研究资源，深化了文化产业理论和政策的研究，为丝绸之路经济带文化产业发展研究提供了政策指导和智力支持（见表2-1、表2-2）。

表2-1　2017年"一带一路"国家级智库影响力排名

排名	智库名称
1	中国社会科学院
2	国务院发展研究中心
3	中国现代国际关系研究院
4	中国国际问题研究院
5	商务部国际贸易经济合作研究院
6	中共中央党校
7	国家信息中心
8	当代世界研究中心
9	中国宏观经济研究院
10	中国科学院地理科学与资源研究所

资料来源：国家信息中心"一带一路"大数据中心著《"一带一路"大数据报告（2017）》。

表2-2　2017年"一带一路"高校智库影响力排名

排名	智库名称
1	中国人民大学重阳金融研究院
2	北京大学国家发展研究院
3	清华大学中国与世界经济研究中心
4	西北大学丝绸之路研究院
5	北京交通大学丝绸之路研究中心
6	北京第二外国语学院中国"一带一路"战略研究院
7	上海外国语大学中东研究所
8	兰州大学中亚研究所
9	华侨大学海上丝绸之路研究院
10	北京外国语大学丝绸之路研究院

资料来源：国家信息中心"一带一路"大数据中心著《"一带一路"大数据报告（2017）》。

(二) 关于文化资源的开发和利用

华中师范大学姚伟钧等在专著《从文化资源到文化产业——历史文化资源的保护与开发》(2012) 和《文化资源学》(2015) 中，提出文化资源是文化产业发展的基础、文化创意是核心、文化科技是动力的观点，认为文化与科技的融合在于高度关注高新科技发展的前沿动态，充分运用文化资源、创意思维、高新技术促进文化产业创新，进而增强我国文化产业的核心竞争力和综合国力。山东大学董雪梅博士的学位论文《公共历史文化资源的产业开发——以济南市为个案研究》(2008) 对历史文化资源进行了系统深入的研究，她提出历史文化资源是人类在历史发展过程中创造和使用的各种物质文化资源和精神文化资源的总和这一概念。华中师范大学张仁汉博士的学位论文《区域文化产业发展战略研究——以浙江为研究个案》(2012) 就区域文化产业与地方政府及政策的关系、区域文化产业空间布局、区域文化产业链建设、区域特色文化产业化等问题进行了探讨，对于分析作为地理概念的"区域"、作为社会历史概念的"文化"、作为社会经济概念的"产业"具有参考价值。山东大学博士生赵东的学位论文《数字化生存下的历史文化资源保护与开发研究——以陕西为中心》(2014) 探讨了历史文化资源保护与开发的关系、历史资源数字化对文化产业发展的促进作用、区域文化产业竞争力提升等问题。

(三) 关于丝绸之路经济带文化产业竞争力的问题

南京大学国家文化产业研究中心常务副主任顾江在《中国文化产业走出去的原则与策略》(2015) 一文中，结合国家"一带一路"倡议与"互联网+"催生的新兴业态，提出中国文化产业"走出去"应坚持社会效益与经济效益相统一，发展中国"智造"，实现价值链攀升，培育一流文化企业家，实施人才战略，加强创意研发，开展服务外包，参与国际分工，完善相关法律法规，健全版权制度，倡导文化产业积极参与全球产业价值链制高点的竞争。

上海社会科学院花建研究员在《"一带一路"战略下增强我国对外文化贸易新优势的思考》（2015）一文中，提出把文化货物贸易和文化服务贸易相结合，改善对外文化贸易的结构，发展有科技竞争力的对外文化贸易项目。在电影、电视、出版、音乐、电子游戏等领域，探索对外文化贸易的有效途径，同时准确地选择和聚焦对外文化贸易的目标市场，为文化企业走出国内、参与国际竞争提供了有益的探索路径。

国家行政学院祁述裕教授主编的《中国文化产业国际竞争力报告》（2004）、中国文化软实力研究中心张国祚教授主编的《中国文化软实力研究报告》（2010—2016）、北京工业大学常卫博士的学位论文《中国文化产业国际竞争力研究》（2007）以及相关研究机构出版的《中国文化产业国际竞争力研究报告》（2008—2010）用定量分析与定性分析相结合、整体研究和具体产业研究相结合的方法，力图通过分析我国文化产业的国际竞争力现状，将我国文化产业与其他国家文化产业的竞争力进行比较分析，对我国文化产业的国际竞争力进行尽可能准确的定位，并提出提高我国文化产业国际竞争力的建议。

清华大学熊澄宇教授在其著作《世界文化产业研究》（2012）中提出，美国的文化产业处于优势地位，体量最大，影响力最广；中国文化产业发展的速度较快；英国、法国、德国、日本、澳大利亚等国拥有各自优势的产业和文化竞争力；其他国家的文化产业大多数处于初步发展阶段，并未能在全世界形成广泛的影响。

文化产业的创新力与各省区市和城市的竞争力息息相关。2018年1月19日，中国人民大学文化产业研究院发布"中国省市文化产业发展指数（2017）"；2019年1月12日，由中国人民大学主办，中国人民大学文化科技园、文化产业研究院承办的"2018中国文化产业系列指数发布会"，发布了"中国省市文化产业发展指数（2018）"和"中国文化消费指数（2018）"。这些资料对丝绸之路经济带沿线省区市文化产业发展的规模和实力进行了详细的解读和分析，为我们把握丝绸之路经济带沿线省区市的文化产业现状提供了第一手数据资料。

（四）关于文化产业政策和商业模式

在全球化日益深入的今天，全球经济市场对文化产业政策的制定具有引领作用，全球市场在市场管理、技术创新、艺术创意等方面为各类人才提供了更多的机会。文化产业政策对经济和文化的发展方向也起着重要作用。文化产业政策在培育文化产业、管理文化遗产、保护知识产权等方面提供了丰富的内涵。文化产业政策的规划应涵盖有利于人们交流的文化形式，促进社会成员通过各类合作关系全面参与经济活动，从而促进文化产业的发展。

清华大学国家文化产业研究中心的熊澄宇教授等出版的《中国文化产业政策研究》（2017）针对文化产业政策制定的原则、历史沿革、发展趋势、国际经验等展开了系统全面的研究。

北京大学陈少峰教授《文化产业商业模式》（2011）从文化创意与经济发展谈起，通过案例分析的方式考察了文化旅游业、体育产业、动画产业等的商业模式，提出文化产业的商业化需要创意，更需要文化和经济思维。

董薇、刘吉晨所著的《文化产业商业模式创新》（2015）以专题研究的方式，系统探讨了文化产业商业模式的把握方式、创新方向及多样性路径。

就大数据时代文化产业如何借力的问题，专家们提出，大数据是基于人性的数据分析，人性的分析就是文化的分析。文化公司要通过自主研发，完全拥有文化产品的知识产权。知识产权的核心要素是隐藏在其背后的文化认同。一个文化公司要取得成功，取决于诸多因素，其中涉及文化认同、大数据开发、知识产权自我孵化、网络运作、版权流转、团队合作等。

（五）国内研究有待提升的方面

（1）文化资源挖掘、整合和开发的力度有待提高。丝绸之路沿线的文化资源具有多样性和广泛性的特点，但资源利用效率相对较低，市场配置资源的基础性作用未得到充分发挥，文化产品的附加值有待提高，这在一定程度上增加了资本和人力的成本。

（2）文化产业政策的理论框架有待完善。从文化政策的目标设置、研究方法的选择到产业政策的实施和绩效评估，这是一个复杂的系统工程，目前国内对文化政策的研究却是零碎的，特别是行业性政策方面，如电影产业、图书出版业、创意设计行业等，整个文化产业政策的理论框架有待完善。

（3）在大数据时代，对互联网文化企业兼并重组、战略联盟、创业、投资和上市等的研究尚有不足。

2.2　国外文化产业发展相关研究概况

自 20 世纪 90 年代以来，各国争相开发独特专属的产业资源，文化产业以其自身所具有的独特性、低竞争性等，不断为世界各国经济发展注入新的活力。各国在以文化为核心的产业基础上，通过科技手段，使独具特色的本国文化发扬光大，迎来了以知识经济为本的文化产业发展局面。国外众多学者从不同角度对文化产业进行了深入研究，提出不同的文化产业概念，形成了不同的学派和理论体系。

（一）文化产业的概念及划分

文化产业的概念最早出现在《启蒙辩证法》（霍克海默和阿多诺合著）一书中，"Culture Industry" 被翻译成文化工业或文化产业。他们提出的文化产业是指使用工业复制技术生产文化产品或提供服务，并且通过产业化运作的方式进行交换和传播的活动。

20 世纪 90 年代以来，学者们对文化产业内涵的理解不再局限于价值判断，而是将文化产业与文化产品和文化消费等相关概念联系起来，以更为积极的态度理解文化产业。

美国学者斯科特认为,文化产业是为了满足消费者自我价值的实现和社会交往等需求的生产活动,包括教育、娱乐等。贾斯汀·奥康纳提出,文化产业是经营具有文化价值的符号性商品的活动,符号性商品的文化价值决定了符号性商品的经济价值。

在现代人的观念中,文化产业主要分为三大类。第一类是大众消费文化产业,主要以市场价值为依据,比如电视媒体、书报杂志、化妆品、流行服饰;第二类是以地理依存性为特点的地方文化产业,主要有以传统文化为主和以地方旅游观光为主的文化产业;第三类是以文化基础设施为依存的文化产业,如歌剧院、体育馆、美术馆、体育设施、展演大厅等。

(二) 关于文化产业的理论和政策

皮埃尔·布迪厄是当代法国著名的社会学家,"文化资本"(Capital Culture)是布迪厄将马克思主义经济学中的资本概念进行扩展后提出的一个社会学概念。文化资本是一种表现行动者文化上有利或不利因素的资本形态,是社会上被认为值得追求和拥有的文化商品储备,在某些特定条件下,它可以转换成经济资本。文化资本主要分为有形的和无形的两种形式,有形的文化资本体现在建筑物、场所、遗址、雕塑与绘画等方面,无形的文化资本则侧重于为某群体所共同认可的思想、信仰、价值观等。布迪厄认为,在当代,文化已渗透到社会的所有领域,并取代政治和经济等传统因素跃居社会生活的首位。皮埃尔·布迪厄的文化资本理论为丝绸之路文化资源的整体性研究、专业人才的培养、文化影响力的提升等提供了理论基础。

美国文化产业学者大卫·赫斯蒙德夫在著作《文化产业》中运用社会学、传播学、文化学等理论,阐述了围绕文化产业而产生的一系列讨论。大卫·赫斯蒙德夫指出:无论是娱乐时代或体验经济时代,还是基于传统方式的经济时代,文化产业确实扮演了促进变迁的角色。正如我们所理解的,文化产业的运行过程是不断检验现有政策是否具有合理性和科学性的依据，为政策的完善和改进提供支持，并最终有助于制度变迁所带来的政策调整。

美国哈佛大学的迈克尔·波特在产业竞争力研究中提出钻石模型理论，认为产业竞争力的影响因素有包括人力资源、自然资源、基础设施等在内的资源要素，此外，还包含企业战略、政府支持、辅助行业、机遇等因素。他提出文化产业竞争力包括微观竞争力、中观竞争力和宏观竞争力三个层次，市场拓展力、成本控制力、整理创新力、可持续发展能力四个核心能力，还有产业效益、资源、关联、结构、能力、实力、环境七个竞争力指标板块。

20世纪90年代初，美国著名学者约瑟夫·奈提出"软实力"的理论。他分别在《政治学季刊》和《外交政策》杂志上发表了《变化中的世界力量的本质》和《软实力》等一系列论文，将"软实力"提升到与"硬实力"同等重要的位置。约瑟夫·奈指出，一个国家的综合国力既包括由经济、科技、军事实力等表现出来的"硬实力"，也包括由文化和意识形态吸引力表现出来的"软实力"。"……硬实力和软实力依然重要，但是在信息时代，软实力正变得比以往更为突出。"在他看来，软实力就是国家的文化力量，体现为本国政治价值观的构建、对他国的文化吸引力以及有合法性和道德威信的外交政策。一个国家的综合实力主要体现在硬实力和软实力两个方面，软实力通过文化的吸引力来提升本国的影响力和竞争力，硬实力则是凭借经济和军事实力以威胁或者其他手段达到维护本国利益的目的。约瑟夫·奈的"软实力"理论有助于我们理解"一带一路"倡议所体现的我国文化软实力对于实现国与国之间多边合作的重大意义。

（三）发挥联合国教科文组织的作用

联合国教科文组织将文化产业主要分为文化商品、文化服务与知识产权等几个部分。其中，文化商品主要包括书籍、杂志、软件、唱片、录影带、电影、工艺与时尚设计等。根据联合国教科文组织制定的文化贸易统计框架，文化产品贸易服务可以分为核心层和相关层。文化产品核心层涵盖文化遗产、音像制品、视觉艺术品、印刷品、视听媒介和其他六个类别；文化产品相关层涵盖电视机和收音机、音乐、广告、影院、摄影、新媒介、建筑和设计等。

文化服务包括歌剧院、戏院、马戏团等的表演服务以及出版、新闻报纸、视听服务等。知识产权涉及生产的各个层面，是对智力劳动成果依法享有占有、使用、处分和收益的权利。文化服务核心层包括视听和相关服务、娱乐文化和运动服务、个人服务；文化服务相关层包括广告、市场研究和民意调查、建设、工程和其他技术服务以及新闻机构服务等。

联合国教科文组织作为一个非政府组织，在文化传播、教育发展等方面发挥着愈益重要的作用，其文化导向和政策对各个国家和地区具有深远的影响。2004年，联合国教科文组织曾派出考察组对"丝绸之路"甘肃段进行考察，重点考察了天水至嘉峪关的沿途景观，研究"丝绸之路"作为"文化通道"整体申报世界文化遗产的可行性。2014年，联合国教科文组织代理副总干事汉斯·道维勒在陕西省西安市大唐西市进行考察，之后与大唐西市集团签署了在丝绸之路国际博览园中为联合国教科文组织建设"丝绸之路文化中心"的合作备忘录。2015年5月22日，由联合国教科文组织牵头主办的"首届丝绸之路网络平台国际大会"在陕西省大唐西市博物馆举办，丝绸之路经济带共建各国文化遗产界专家学者和中国业界嘉宾，就联合国教科文组织的"为促进对话、多元化和发展的丝绸之路网络平台"项目进行研讨。这为保护自然遗址、传播非物质文化遗产技艺、创建文化创意产业、开展跨区域文化交流等提供了可以借鉴的资料。

联合国教科文组织在文化、教育、世界文化遗产保护等方面发布的报告和统计数据，对于了解全球文化产业现状、把握产业发展趋势具有重要参考价值。

3 丝绸之路经济带沿线省区市文化产业发展路径分析

　　文化产业的发展离不开文化资源的开发、文化遗产的保护和利用、文化景观的建设和文化资产的积累。从字面的意思讲，"文化资源"是指对人类有价值的物质成果及其转化的一部分。从词源学的角度来讲，"资源"源自"贝"的最初含义，指的是财产；从英文的角度而言，"resource"由"re"和"source"两个部分构成，"source"是指有形或无形的物质、感受的来源，"re"表示"再次"的意思。

　　不同的人对"资源"有不同的认知。某一种资源对有些人来说是毫无价值的，但被另一些人视为珍宝，比如废旧的塑料制品。服饰、瓷器、家具等不仅具有高度商业化的市场，而且衍生出各种文学作品、思想观念等。对消费者而言，消费文化产品并非自然需求的满足，而是一种实现其社会属性的体现。总之，文化资源指的是文化经过价值的判断被认为是有用的东西，即文化有用的部分。最为常见的是物质文化资源，它与我们生活中的衣、食、住、行诸多方面息息相关，如饮食文化、服饰文化等。有些文化资源是非物质的或无形的，如民俗祭奠仪式、音乐、陶瓷技艺等。

　　就文化遗产而言，文化遗产是人类历史上留下的宝贵财富，从形态上，可以分为物质文化遗产和非物质文化遗产，体现出实践性和传承性。联合国教科文组织所命名的世界文化遗产都具有历史悠久、文化传承的特点。文化景观则是指在日常生活中，人们为了满足一些物质和精神方面的需求，在自然景观的基础上增加文化要素而形成的景观，因此又被称为人文景观。它是一种人类活动留下的景观，如建筑群、古战场、工业遗址等。文化资产是一种战略性的资产，是可以为企业带来超越其本身附加价值或利益的东西。文化资产的特色是其营业和盈利的性质，文化旅游场所经营的产业通常属于文化资产。

文化产业是经营性的产业，包括文化商业演出、广告设计、品牌设计、出版传播等。文化产业的核心要素体现为以创意为内容的生产方式，以符号意义为产品价值的创造基础和知识产权的保障。

对丝绸之路经济带沿线省区市文化产业的研究，主要可以从以下几个方面进行：

（1）该省区市文化产业现状、类型及与经济、政治等发展的关系；

（2）对各种文化产业的优势、劣势、发展潜力等进行SWOT分析；

（3）对市民文化产业消费等相关问题的调查；

（4）应对外来文化产业冲击的措施；

（5）对国内省区市文化产业发展的借鉴意义；

（6）为该省区市全面发展文化产业提出建议。

文化产业不仅可以带动地方性或区域性的经济发展，也可以提升文化生活价值。简言之，文化产业除了直接表现在地方经济的实际收益上，还可以促进文化生产者之间的交流，提升生产与行销效益，带动地区基础设施建设，提升城市知名度。对于丝绸之路经济带沿线省区市的文化产业，本书拟从文化产业政策的制定、历史文化资源的保存及再利用、城市品牌及文化营销、文化产业园区规划设计、博物馆的规划和设计、地方艺术节庆、公共艺术、社会空间与都市文化、文化产业经理人的培养等方面展开研究，以期为丝绸之路经济带沿线省区市及共建国家和地区的文化产业发展带来启迪。

3.1 新疆丝绸之路经济带文化产业发展 SWOT 分析

SWOT 分析法又称为态势分析法，由美国哈佛大学教授安德鲁斯（Andrews）在《公司战略概念》（1971）一书中率先提出这个分析框架，通过对企业所处的环境进行全面、详尽、准确的把握，进而制定企业的发展战略。具体来讲，SWOT 分析法从内部和外部分析研究对象的优势（strength）、劣势（weakness）、机会（opportunities）和威胁（threats），常用于分析公司运营环境，对企业发展战略的制定、竞争对手的分析、企业的市场定位、员工的职业生涯规划都能起到指导作用。优势和劣势主要是从内在因素谈起，着眼于企业自身的实力及其与竞争对手的比较，体现在企业自身的发展能力、财务资源、人力资源、产品特色、销售渠道等方面；机会和威胁是从企业外部分析外部环境的变化对企业所产生的影响，通常体现在竞争、政治、经济、法律、社会、文化、科技和人口环境等方面。

SWOT 理论的分析步骤通常是先列举出研究对象的优势、劣势、机会和威胁，再对以上因素进行相互组合和分析，形成策略，最后再进行具体战略的实施。成功应用 SWOT 分析方法的简单规则就是对企业优势与劣势有客观的认识、正确区分企业的现状和前景、考虑的因素尽可能全面、必须对竞争对手进行分析、避免复杂化与过度分析、分析方法也要因对象的不同有所区别等。

3.1.1 新疆丝绸之路经济带文化产业发展的优势与劣势

在共建"一带一路"的背景下，新疆凭借独特的历史因素和地理位置成为"一带一路"建设中的重要区域。在《推动共建丝绸之路经济带和21世纪海上丝绸之路的愿景与行动》中，政府提出要发挥新疆独特的区位优势和向西开放重要窗口作用，深化与中亚、南亚、西亚等国家的交流合作，形成丝绸之路经济带上重要的交通枢纽、商贸物流和文化科教中心，打造丝绸之路经济带核心区。新疆正立足丝绸之路经济带核心区建设，既抓能源产业的转型升级，发展光伏发电、风电、煤电和纺织业，也拓展新兴的产业，重点发展现代物流业、文化产业、国际贸易等。新疆文化产业的发展在"一带一路"建设中也必将发挥积极的作用。

（一）新疆发展文化产业的优势

1. 地理优势明显

新疆位于我国西北部，与8个国家接壤，拥有17个国家一类口岸，还有喀什、霍尔果斯两个国家级特殊经济开发区，与丝绸之路经济带共建国家地理接壤，风土人情相近，经济交流较为便利。这使得新疆成为既可以服务国内，又可以与丝绸之路经济带共建国家开展文化交流的核心区域。

2. 历史文化资源丰富

中国社会科学院巫新华研究员在第三届"中国公共考古·首师论坛"上做了《新疆的丝路地位与文化底蕴》的报告，他在报告中提出，古代新疆是沟通和完成亚欧大陆东西方文化与政治、经济交流的桥梁。新疆与丝绸之路发生联系的古代交通路线应该称为丝绸之路新疆（西域）段。汉代是中国古代历史上的第一个黄金时期，汉武帝派遣张骞通西域，之后反击匈奴，经营西域，推动了亚欧大陆文明的交流与互动。位于亚欧文明通道区的新疆自然成为著名的古代文明场所和文明标本保留地，新疆的历史文化成就也缘于它作为丝绸之路上最大、最重要的十字路口。新疆现保留着大量古代文明的遗存，如高昌故城、楼兰古城，为研究新疆的历史文化和新疆文化产业的发展提供了宝贵的历史文化资源。

3. 丰富的非物质文化遗产为新疆文化产业的发展带来内在驱动力

在国家公布的国家级非物质文化遗产名录中，新疆的维吾尔族达瓦孜（传统体育、游艺与杂技类）、维吾尔刀郎麦西热甫（民俗类）、维吾尔族达斯坦（民间文学类）、维吾尔族民歌（传统音乐类）、哈萨克族铁尔麦（曲艺类）、维吾尔族叼羊（传统体育、游艺与杂技类）、维吾尔族枝条编织（传统美术类）、传统棉纺织技艺（传统技艺类）、维吾尔族传统小刀制作技艺（传统技艺类）、哈萨克族毡房营造技艺（传统技艺类）、萨玛舞（传统舞蹈类）、哈萨克族卡拉角勒哈（传统舞蹈类）、锡伯族刺绣（传统美术类）、维吾尔医药（传统医药类）、塔吉克族服饰（民俗类）等先后入选，入选省市级非物质文化遗产的更是数量众多。

4. 当地政府重视基础设施建设

新疆顺应时代发展的潮流，提出要建成丝绸之路经济带上重要的交通枢纽中心、文化科教中心、金融中心、商贸物流中心、医疗服务中心。新疆正加紧建设一批互联互通基础设施，2015年4月启动了乌鲁木齐铁路集装箱中心站，随后丝绸之路经济带旅游集散中心破土动工，覆盖全疆的三条交通大通道也在紧锣密鼓地建设中，中巴、中吉乌铁路的建设也在推进中，空港布局也较为完备，形成了向东连接内地，向西辐射中亚、南亚及欧洲的综合交通网络。基础设施建设为文化产业的发展提供了有力的保障。

5. 新疆拥有丰富的自然资源

截止到2018年，新疆拥有12个AAAAA级景区，11个世界遗产地，25个风景名胜区，31个自然保护区，8个地质公园，67个森林公园，52个国家湿地公园，27个沙漠公园，23个国家水利风景区。高原盆地、大漠戈壁、河流湖泊、草原森林、悠久的古代丝绸之路文化、多姿多彩的民族风情，围绕着新疆自然生态，形成了新疆文化旅游的鲜明标志，提升了新疆旅游的整体水平。

6. 少数民族众多

新疆是以维吾尔族为主要人口的地区，维吾尔族是擅长歌舞、多才多艺的少数民族。因此，以歌舞表演为主要表现形式的演出、影视、文化旅游体验等项目为文化项目的深度开发提供了基础。2008 年、2011 年、2013 年、2015 年 7—8 月，文化部、国务院新闻办公室和新疆维吾尔自治区人民政府主办了四届中国新疆国际民族舞蹈节。自 2008 年开办以来，舞蹈节不断推出文化经典，引领潮流，惠及民众，成为中国对外文化交流的重要品牌项目之一。

（二）新疆发展文化产业的劣势

（1）维护区域安全稳定是文化产业发展的重中之重。新疆是多民族聚居的地区，维护社会治安稳定、避免民族矛盾激化，是发展文化产业的重要前提。

（2）文化产业从业人员的整体文化水平、理论和实践能力有待提高。人才是文化企业发展的关键，引进具有先进管理经验的人才将进一步推进新疆文化产业的发展。

（3）区域经济基础相对薄弱。新疆区域民族历史特色文化资源挖掘不够，多数企业采取粗放式管理模式，优势产业杂而不精，低层次竞争问题突出，文化科技创新能力有待提升。

（4）航运交通有待提升。新疆地域辽阔，拥有丰富的自然和人文景观，具备开拓国内外旅游市场的巨大潜力，虽然在公路、铁路建设方面已经取得较大成绩，与国内各省区市的联系更加紧密，但在航运方面还有待提升，应更多地增开国际航线，拓展国际业务。

3.1.2　新疆丝绸之路经济带文化产业发展的机遇和挑战

新疆被中央确定为丝绸之路经济带的核心区，新疆的文化产业必将抓住发展的重大历史机遇。

（1）加大政策扶持。"一带一路"倡议和西部大开发、各省区市援助新疆的政策，为新疆文化产业的发展提供了政策保障。在《西部大开发"十三五"规划》中，政府重点提出了加快沿边地区开发和开放、培育多层次的开放合作机制，特别提出支持边境旅游试验区和跨境旅游合作区建设。新疆被中央确定为丝绸之路经济带的核心区，其在信息、物流、文化、金融领域与国内各省区市、中亚地区的交流将不断拓展。

（2）依托大型展会、推介会、产学研基地等，扩大新疆文化产业的影响力，提高其知名度。在全面推进"一带一路"建设的大背景下，作为丝绸之路经济带核心区的新疆，借助自身经济实力的提升，文化产业的大发展也是大势所趋。依托丝绸之路国际博览会暨中国东西部合作与投资贸易洽谈会，签约项目和金额逐年增加。由雅昌文化集团、清华大学美术学院和哈密市三方合作成立的全国首个传统工艺工作站——新疆哈密传统工艺工作站，将新疆的传统工艺品推向更广阔的市场。新疆大学成立了文化发展研究中心，传播新疆传统文化和现代文化；新疆借助中国－亚欧博览会的平台，将立足于本地区经济、文化发展的优势，实现文化产业的快速发展。

（3）借助新疆多民族的文化资源，发展以中华优秀传统文化为内容的文化创意产业。中共中央办公厅、国务院办公厅印发的《关于实施中华优秀传统文化传承发展工程的意见》，在优秀传统文化发展的基本原则中，对丝绸之路经济带文化产业发展具有借鉴意义的是坚持交流互鉴、开放包容。吸取借鉴国外优秀的文明成果，积极参与世界文化的对话交流，不断丰富和发展中华文化，使中国的文化自觉和文化自信显著提升，国家文化软实力的根基更为坚实。

（4）发挥旅游资源大区优势。新疆拥有世界遗产景区 5 家、国家级品牌景区（AAAAA 景区、国家生态旅游示范区等）20 余家，知名旅游企业品牌达到 80 多个，旅游产业对其经济贡献率超过 10%。实施旅游兴疆战略是全面贯彻落实新发展理念、推动新疆文化产业高质量发展的重要举措。截止到 2018 年，新疆有美术馆 55 家、公共图书馆 107 家、文化馆 119 家、博物馆 90 家、文化站 1183 个，文化及相关产业法人单位 1 万多家。新疆和合玉器有限公司、新疆国际大巴扎开发有限公司、新疆卡尔罗媒体科技有限公司、新疆德威龙文化传播有限公司、新疆七坊街创意产业投资有限公司、吐鲁番欢乐盛典文化投资有限公司等 6 家企业获评国家文化产业示范基地；新疆映像天山文化科技有限公司、新疆有鱼文化产业投资有限公司、新疆漫龙数字技术有限公司等 10 多家通过国家动漫企业认定；109 家企业分六批获评"自治区文化产业示范基地"。

（5）新疆精心组织全方位、多层次、多媒体重大主题宣传和出版，深入实施新闻出版广电影视惠民工程，图书报纸期刊、广播电视节目栏目、电影电视剧内容不断增加，不断满足各族人民对美好生活的向往和期待。

（6）依托中国新疆国际民族舞蹈节、中国海外文化中心"中国新疆文化展示周"等文化交流活动，紧抓国家文化外交战略，讲好新时代中国故事，充分展现中华文化魅力。围绕丝绸之路经济带核心区"文化科教中心"建设，充分发挥独特文化资源优势，促进文化事业和文化产业的繁荣发展，来新疆学习和培训的人员不断增多，孔子学院建设快速发展。新疆举办的中国乌鲁木齐对外经济贸易洽谈会于 2011 年升级为中国－亚欧博览会，为新疆对外开放提供了广阔空间。

新疆文化产业发展的挑战既来自建设丝绸之路经济带上重要的交通枢纽中心、商贸物流中心、文化科教中心的迫切需要，也来自维护社会稳定和长治久安的现实需求。新疆地处祖国边陲，因此加强党对文化和旅游工作的领导，坚持稳中求进的工作总基调，坚持新发展理念，坚持以人民为中心的发展思想，落实高质量发展要求，推动文化产业健康发展尤为重要。要切实加强以民族团结、社会和谐稳定、国家统一为核心导向的现代文化建设，为实现跨越式发展和长治久安提供坚实的文化基础与强大的精神动力。

3.1.3 新疆文化旅游企业发展案例分析

新疆的文化旅游企业众多，现以新疆某文化旅游股份有限公司为例。其性质是国有控股非上市公司，注册资金10亿元人民币。该公司位于新疆察布查尔锡伯自治县。察布查尔锡伯自治县是全国唯一的以锡伯族为主体的多民族聚居的自治县，位于新疆维吾尔自治区西部，有伊犁河、察布查尔河等水系，是国家和自治区向西开放的前沿阵地，是中国对中亚、欧洲贸易的重要"窗口"之一。属温带大陆性干旱气候，热量丰富，光照充足，四季分明，冬春长，冬季寒冷，夏秋短，夏季炎热，年均气温7.9℃，拥有丰富的旅游资源。

该公司主要经营范围是景区投资、开发、建设和管理；文化体育用品、工艺品、日用品、服装、鞋帽的批发、零售及网络经营，旅游车辆租赁；影视策划、文化传播服务；文化艺术交流活动；市场调查服务；广告设计、制作、代理、发布；国际会议、展览展示服务；民航、铁路、公路客运的票务代理服务；翻译服务；酒店管理；等等。

（一）文化旅游产业园建设的背景和意义

2013年9月，国家主席习近平在哈萨克斯坦演讲中提出共建"丝绸之路经济带"的倡议。在这一背景下，结合自治区人民政府有关本地区的旅游规划，如《伊犁河谷总体旅游发展总体规划》，再考虑到《察布查尔锡伯自治县土地利用总体规划（2010—2020）》等文件，2015年察布查尔县委、县人民政府研究决定，在察布查尔锡伯自治县原源圃园基础上改造建设，最终建成集文化博览、商贸交易交流、旅游休闲、康养等于一体，多元文明交汇和集聚的文化旅游产业园。

在行政方位上，察布查尔锡伯自治县是国家包括新疆维吾尔自治区向西开放的前沿阵地，是丝绸之路经济带核心区中部通道的最前端区域。就区域交通而言，察布查尔锡伯自治县距伊宁市13公里，距伊宁机场18公里，属伊宁市半小时经济圈范围。向西距国家一类陆路口岸——都拉塔口岸仅有53公里，距霍尔果斯口岸70公里，距哈萨克斯坦阿拉木图市247公里。其是伊犁州直接面向亚欧大陆的前端，是中国对中亚、欧洲贸易的重要"窗口"之一，是新疆进入中东、欧洲、非洲市场的必经之地。

就旅游线路设计而言，该文化旅游股份有限公司所设计的察布查尔丝路文化旅游线路主要依托丝绸之路国际文化旅游交流服务中心，打造涵盖孙扎齐牛录乡锡伯古城（风情园）—薰衣草基地—琼博乐森林公园—纳达齐牛录乡稻田画基地—中亚民族风情酒吧（1764文体公园）—果子沟赛里木湖景区—霍尔果斯口岸—中华福寿山（霍城大西沟）—丝路农桑园—丝绸之路国际文化旅游交流服务中心—喀拉峻大草原（特克斯县）—草原石人（昭苏县）—伊昭公路沿途（白石峰景区）—新源（那拉提大草原）—天山冰大坂—巴音布鲁克—千佛洞（库车）—艾提尕尔清真寺（喀什）—玉龙喀什河（和田）—沙漠公路（库尔勒）—国际大巴扎（乌鲁木齐）—喀纳斯景区（阿勒泰）等景区的旅游路线，实现团队旅游和私人订制高端线路的并行发展。

就旅游市场而言，新疆客源充足。表3-1为该文化旅游股份有限公司进行的市场分析。

表3-1 新疆旅游市场分析

客源级别		客源市场	消费特点
境内	一级客源市场	伊犁州500余万人人口市场	近程旅游观光、休闲度假、自驾旅游、商务休闲度假成为消费主流，生态休闲、文化体验、疗养度假等旅游产品具有很大的消费前景
	二级客源市场	整个新疆市场2181.58万人（2010年全国人口普查结果）	文化体验旅游、疗养度假
	三级客源市场	国内市场	文化体验交流、高端商务、疗养度假

续表

	客源级别	客源市场	消费特点
境外	一级入境客源市场	俄罗斯、哈萨克斯坦、吉尔吉斯斯坦、塔吉克斯坦、巴基斯坦、蒙古国、印度、阿富汗等接壤国家，中国港澳台地区，韩国、日本等东亚国家	对中国的历史文化感兴趣，培育以自然观光、美食特产等旅游产品为主的市场，以文化差异化体验、休闲旅游、健康娱乐、商务会议等形式促进入境客源消费
	二级入境客源市场	新加坡、马来西亚等东南亚国家，美国、英国、德国、法国等欧美国家	
	三级入境客源市场	大洋洲、南美洲、南非等其他客源市场为机会市场	

资料来源：作者根据《丝绸之路经济带文化旅游产业园》整理。

（二）文化旅游产业园项目的概况

根据该公司网站关于产业园的规划，丝绸之路经济带文化旅游产业园主要分为六个部分。

第一部分是丝绸之路国际文化旅游交流服务中心。该中心为集游泳、桑拿、健身、五星级酒店住宿、婚庆礼仪餐饮、KTV、酒吧、茶文化、咖啡、综合超市、棋牌、标准国际会议、新闻发布、技艺表演、管理人员办公等功能于一体的商业综合体。

第二部分是"梦幻丝路"主题公园。以张骞出使西域36国为背景，通过高科技幻影等技术展现西域36国建筑风格、文化及艺术形态。

第三部分是中医药文化传播中心。该中心主要依托察布查尔锡伯自治县现有的杜仲、红花等中药材，进行产业联动，打造一个集养生保健、医疗康复、休闲旅游于一体的中医药文化产业。该项目已经与中国中医科学院中药研究所签订合作协议，联合打造。

第四部分是"西域圣泉"主题酒店、艺术家庄园。该酒店依托雀儿盘村地热资源，打造丝绸之路上罗马温泉浴、土耳其温泉浴、日本温泉浴等世界各地特色温泉文化中心。

第五部分是"摇滚贝伦"水上乐园。该水上乐园的建设是考虑伊犁地区目前几乎没有大型水上娱乐设施，借助现有温泉优势，打造室内、室外水上四季娱乐设施，让游客不仅能感受到传统的水上娱乐，同时感受到沙滩、海边的游玩乐趣。

第六部分是旅游地产。与大型集团公司签约开发大型文化旅游商业演艺项目，建造大型展览会、博览会会址。

(三) 公司财务状况分析

(1) 营业收入主要包括主题酒店收入、会议中心收入、旅行社收入、车辆租赁收入、文化旅游展览中心收入、超市租金等收入类别。

(2) 企业要缴纳的税费为增值税、营业税、城市维护建设税、教育费附加等。

(3) 成本费用涵盖水电暖费用、员工工资和福利费、餐饮经营成本、车辆租赁成本、旅行社成本、修理费、管理费、财务费用等。

(四) 公司战略发展对策

(1) 根据我国"一带一路"倡议中所提出的中国将与丝绸之路经济带共建国家和地区加强旅游合作，扩大旅游规模，互办旅游推广周、宣传月等活动，联合打造具有丝绸之路特色的国际精品旅游线路和旅游产品，开展文化交流等政策，结合丝绸之路经济带文化旅游产业园的建设现状以及公司对于下一步发展的战略规划和定位，建议该文化旅游股份有限公司结合"一带一路"中新疆的定位，从发挥新疆独特的区位优势和向西开放重要窗口作用，深化与中亚、南亚、西亚等国家的交流合作，形成丝绸之路经济带上重要的交通枢纽、商贸物流和文化科教中心，打造丝绸之路经济带核心区的角度出发，立足于察布查尔锡伯自治县、伊犁哈萨克自治州、新疆的地域资源和人文资源开展特色文化旅游。

（2）在"互联网+旅游"的时代，建议充分利用网络通信等现代科技手段，实现大数据的高效管理，购买先进的酒店管理系统、门禁系统、人力资源管理系统、安防监控系统等。按照通用性、开放性和多样性原则，整合察布查尔锡伯自治县及相邻县市的历史文化资源，实现各类旅游信息源的集成管理和共享，以便顺利实现资源共享和信息共享。

（3）积极加入国内外旅游行业协会，如中国旅游协会、世界旅游城市联合会等协会，依托中国-亚欧博览会、北京国际文化创意产业博览会、中国（深圳）国际文化产业博览交易会、丝绸之路（敦煌）国际文化博览会等高端平台，推介公司产品，扩大影响力。

（4）在旅游人才队伍建设方面，公司现有人员结构、学历构成需要进一步完善，就专业技术人员的设置、学历构成的完善、导游人员的定期培训、国内外学术和技术交流提出可行性建议。建议新疆赛斯里文化旅游股份有限公司引进管理学、英语、法学、土木工程、市场营销等学科的专业技术人员，完善现有专业结构，同时可以考虑聘请国内外知名职业经理人负责公司的运营和发展；开展企业人力资源建设，企业家要做企业的第一资源，负责把整个企业的人力资源开发好，因为人力资源是企业最大的资源，也是企业的重要资产。

（5）在借鉴运作成熟的文化产业园经验方面，可以深入研究深圳华侨城、芜湖方特欢乐世界主题乐园以及西安大唐西市集团等企业开发的产业园，在学习其商业模式的同时，注重自身民族资源的开发和利用。如2016年9月21日，哈尔滨市政府和万达集团签署《文化旅游战略合作协议》，凡哈尔滨市举办的重大节庆、经贸洽谈、体育赛事或者旅游展会等都将落户万达城，与政府的战略合作为万达城的整合营销开拓了新思路。

（6）在资金来源方面，除个人投资和融资以外，还可以通过联合国教科文组织、民间非政府组织、个人捐助、申请国家文化创意基金等拓宽资金来源，提高科研实力，为文创事业的全面开展提供资金支持和科研支撑。如住房和城乡建设部于 2015 年、2016 年分别发布了关于开展美丽宜居小镇、美丽宜居村庄示范工作的通知，启动美丽宜居村镇的申报工作，若在当地政府的支持下，察布查尔锡伯自治县能有村镇获得此殊荣，也将带动本地文化旅游市场的拓展。

（7）迎合时代发展的潮流建立区域性协同发展联盟。通过区域整合的方法带动周边村落的协同协调发展，并根据锡伯族历史文化特色赋予特定的主题文化以保留原居民，从而使古城和古村落保持旺盛的发展势头。建议新疆锡伯古城增加游客体验式文化旅游项目，在介绍锡伯族西迁节的馆区增加影视影像资料等。

总之，新疆丝绸之路经济带核心区建设要以中央政府和地方政府的政策支持、项目支撑、资源挖掘为重要的发展动力。文化产业依赖新疆丰富的自然资源和民族特色资源，借助新疆的基础设施建设和国际经济合作走廊建设的契机，促进新疆与丝绸之路经济带共建国家和地区经济的友好交流和合作，也有利于将新疆打造成我国西部开放的重要门户。

3.2　陕西丝绸之路经济带文化产业发展分析

3.2.1　陕西发展丝绸之路经济带文化产业的优势分析

陕西省政府积极发挥其连接南北、承东启西的地理区位优势，提出打造丝绸之路经济带新起点的目标，借助交通物流、金融服务、科技教育等方面的优势，将推进贸易投资便利化的重点定位于搭建物流平台、完善交通运输通道、加强科教服务、提供金融服务等方面。

1. 交通便利

陕西省以省会城市西安为核心，已经形成了"米"字形高铁网络；咸阳国际机场客运航线众多，成为我国最为繁忙的机场之一。根据《大西安立体综合交通发展战略规划》，西安将有望发展成国际性综合交通枢纽，陕西省将在铁路联动、公路畅通和航空便利的条件下带动国内中西部的整体发展，促进与丝绸之路经济带共建国家和地区的经贸往来。

2. 产业链相对完整

陕西省以高新技术、装备制造、能源化工、现代农业等优势产业为依托，建设了中俄丝路创新园、中吉空港经济产业园、中韩产业园，与中亚国家在基础设施、能源与现代农业等领域建设项目100多项。到2017年底，西安市聚集的大数据、云计算企业超过200家，其中云计算中心、研发中心22家，行业应用150余家，主要集中在工业、医疗、旅游、交通、金融、信息安全等领域，产业链条基本完整。

3. 自贸试验区成立的带动作用

2017年4月1日，中国（陕西）自由贸易试验区（以下简称"自贸试验区"）揭牌成立。据统计，2017年4月1日至12月底，陕西自贸试验区西安区域新增企业8200家，注册资本2142.25亿元。其中，外商投资企业95家，注册资本5.14亿美元，新增注册资本亿元以上企业176家，有力地带动了所在开发区新增注册资本的快速增长。创新机制和政策红利的密集释放带来的资本集聚、产业集聚效应都开始显现。

4. 建设产业合作平台

陕西省依托欧亚经济论坛、丝绸之路国际博览会暨中国东西部合作与投资贸易洽谈会等平台，举办大型博览会、艺术节、舞蹈节等活动，推动了与中亚、欧洲相关国家和地区的文化合作交流。"一带一路"倡议提出以来，丝绸之路国际艺术节、丝绸之路国际电影节等一系列重大文化艺术活动先后在西安举行，共建"一带一路"国家和地区的文化艺术名家，跨越欧亚大陆相聚西安。依托欧亚经济论坛，丝绸之路经济带文化产业深入合作，欧亚经济综合园成为"一带一路"

的合作载体，加快了陕西省外向型经济的发展。2018年5月，陕西省成功举办第三届丝绸之路国际博览会，每年的丝绸之路国际博览会吸引共建"一带一路"国家和地区10余万名客商，6000多家企业参展，展销特色商品2万多种。

5. 政策扶持

陕西省政府于2015年3月颁布了《陕西省推进建设丝绸之路经济带和21世纪海上丝绸之路实施方案（2015—2020年）》，积极打造"一带一路"交通商贸物流、国际产能合作、科技教育、国际旅游、区域金融五大中心，做实丝绸之路经济带新起点，为全面建成小康社会做出新的更大贡献。实施方案还提出加快构建具有陕西特色的现代产业体系，培育开放型经济新优势，推进国际产能合作，壮大特色产业规模，构筑国际竞争新优势；深化中外文化艺术交流，促进民间友好往来，提升文化软实力，扩大中华文明影响力，打造服务"一带一路"的文化传播枢纽。

2018年3月，陕西省人民政府办公厅印发了《陕西省"一带一路"建设2018年行动计划》的通知。文件提出结合陕西省的战略优势着力打造交通便利、贸易活跃的物流中心，建设国际产能合作中心，打造科技教育中心，建设国际旅游文化中心和丝绸之路金融中心等。提出继续实施重大项目带动战略，做好陕西动漫游戏产业基地、西安对外文化贸易基地等项目建设；挖掘利用陕西丰富的历史文化资源，实施文化人才培养计划，加快文化创意产业发展，开发精品文创产品，打造"一带一路"文创高地；积极搭建文化产业招商引资平台，组织参加展览展示活动，推动"一带一路"文化贸易发展。

关于人才政策，《西安市进一步加快人才汇聚若干措施》第六条提到：扩大人才认定范围，将公务员、文化创意人员、自由从业者等更多领域人才纳入人才分类认定范围。这是西安市在推动就业、简政放权、招才引智等方面的一大举措，推动了文化产业人才的集聚。

在智库建设方面，成立了西北大学丝绸之路研究院、中国丝绸之路经济带研究院等多家智库，积极开展国内外学术交流活动；西安交通大学发起成立的"新丝绸之路大学联盟"已有100多所大学加盟，为丝绸之路经济带文化产业的发展提供了智力支持。

3.2.2 大唐西市文化产业链分析

1. 以项目为依托发展文化产业

大唐西市文化产业投资集团有限公司（以下简称"大唐西市集团"）是陕西省著名的民营文化企业，是以文化产业为主导的大型现代化企业。大唐西市集团已开发了大唐西市博物馆、大唐西市酒店、大唐西市古玩城、大唐西市中影国际影城等项目。

大唐西市集团开发建设的大唐西市项目，总投资80亿元，占地500亩，总建筑面积135万平方米，是国内在唐长安西市原址上再建的以盛唐文化、丝绸之路文化为主题的国际商旅文化产业项目，是国际文化产业示范基地、国家级非物质文化遗产生产性保护示范基地、中国文化遗产保护与传承典范基地等。

大唐西市遗址首次被发现后，大唐西市集团以"传承文化、续写历史"为使命，斥巨资聘请专家团队对西市遗址进行探测和发掘，编制遗址保护方案并报送国家文物局审批，随后发掘出"西市东北角十字街遗址"。秉承"原地保护、原样保存、原物展示"的原则，从遗址发掘、大唐西市博物馆筹建到建成后免费对外开放，历经5年的时间，投资近10亿元。

2010年4月7日，以盛唐商业文化、西市历史文化和丝路异域文化为主题的大唐西市博物馆，作为我国目前唯一的民营国家二级博物馆正式免费对外开放。至2018年累计接待全国各省区市文化代表团数百批，国内外观众500余万人次。

大唐西市集团通过创建文化产业平台，支持丝绸之路丛书的出版，编撰丝绸之路与唐文化研究丛书和专业论文集10多部；与10余家丝绸之路经济带共建国家和地区的博物馆签订了姊妹友好馆协议；举办国内外大型展览60多次，进一步提升了文化品牌的知名度。

2. 建立丝绸之路国际总商会

2015年12月10日，随着"首届丝绸之路国际投资论坛暨丝绸之路国际总商会就职庆典"在中国香港特别行政区召开，由大唐西市集团倡议并联合36个丝绸之路经济带共建国家商协会组织共同发起的非营利性、非政治性的国际商会组织和经贸交流机构——丝绸之路国际总商会，在世界商会联合会和中国国际商会的支持下正式成立。

以"和平合作、开放包容、互学互鉴、互利共赢"的丝路精神为办会宗旨，旨在促进新丝绸之路建设的丝绸之路国际总商会，不仅是世界首个以"丝绸之路"命名的国际商会联盟组织，也是丝绸之路区域最具影响力的国际商贸合作平台与文化交流平台。

2016年4月，丝绸之路国际总商会开启全球路演，向各国政商界人士宣传推介"网上丝绸之路""丝绸之路国际发展基金""丝路智库联盟"等国际合作项目与合作机制。

截至2018年，已有40多个国家级商协会组织成为其团体会员。阿塞拜疆、埃塞俄比亚等多个国家的商会组织也提出了加入总商会的申请。丝绸之路国际总商会还组建了丝绸之路国际博物馆友好联盟，旨在促进丝绸之路经济带博物馆间在藏品管理、陈列展览、宣传教育、文化产业、公众服务、科研互动、人才管理等方面的交流合作；开展国际交流与合作，组织丝绸之路经济带博物馆间的考察和访问，促进双边、多边的有益合作；组织丝绸之路经济带博物馆论坛，共享文化遗产保护、研究成果；建设联盟网络平台，为世界各国博物馆及文化保护机构的合作提供服务。

3. 传承丝路文化，提升品牌效应

大唐西市集团创新了"以商养文、以文促商"的文化事业和文化产业双轮驱动、可持续发展的模式，成功打造了大唐西市文商旅综合园区，成为西安乃至全国文化旅游的新亮点和丝绸之路文化复兴的重要标志。建成后的大唐西市接待国外政要、国际组织代表几百批次，先后举办与丝绸之路相关的大型活动60余场，最大限度地发挥了民间交流与合作的纽带作用。大唐西市集团先后举办的"彩绘丝路——中国当代著名美术家丝绸之路万里行""联合国教科文组织首届丝绸之路网络平台国际大会""第五届中欧文化对话""西洽会暨丝博会大唐西市文化分会"等国际文化交流活动，开启了"政府主导、企业主体、市场运作、社会参与"的国际民间文化交流模式，成为推动中国文化"走出去""请进来"的创新之举和国家开展对外文化交流的品牌活动。2013年9月，为积极推进丝绸之路经济带建设，共建丝绸之路国内外城市代表举行圆桌会议，共同发表了《共建丝绸之路经济带西安宣言》。2015年5月，由西安交通大学发起，来自31个国家和地区的128所大学加入"新丝绸之路大学联盟"，促进了丝绸之路经济带共建国家和地区交流的深入。2016年，大唐西市丝绸之路风情街正式运营，与中亚城市马雷、撒马尔罕建立友好关系，"长安号"国际货运班列开通。自2014年开始，连年策划举办"一条丝路两城歌"主题文化演艺活动，精彩演绎东西方文化交融的礼赞，在意大利、西班牙等丝绸之路经济带共建国家引起了广泛反响。当世界步入万物互联时代，为了响应习总书记提出的共建"一带一路"伟大倡议，要让全球各个国家都成为参与国际贸易互联互通的平等建设者和共同受益者，使"五通"更加畅通。

3.3 云南丝绸之路经济带文化产业发展探析

3.3.1 云南在"一带一路"倡议中的定位

云南拥有较好的基础条件，在"一带一路"倡议中应有所担当。

云南在"一带一路"倡议中的定位直接决定了云南未来的发展方向。就云南省的定位而言，云南位于"一带一路"连接交会支点，处于南方丝绸之路、北方丝绸之路和海上丝绸之路的重要节点，是我国沟通丝绸之路经济带和海上丝绸之路的枢纽省区市。云南与共建"一带一路"国家中的越南、老挝、缅甸接壤，具有睦邻外交战略国际通道地位，是连接东南亚、南亚等地区的交通枢纽。

"一带一路"倡议有利于云南发挥区位优势，推进与周边国家的国际运输通道建设，借助南亚博览会等平台，着力打造昆明与曼谷、河内等区域性沿边自由贸易区、区域经济合作新高地，将其建设成面向东南亚和南亚的辐射中心。

3.3.2 云南发展丝绸之路经济带文化产业的优势分析

1. 少数民族众多

云南民族众多，是中国民族最多的省区市，除了汉族以外，少数民族有 25 个。共建丝绸之路经济带将有利于少数民族地区发挥中原地区与境外交流的中介作用，给这些地区带来更多新的信息、投资、技术、人员等，使边疆少数民族地区搭上经济发展的快车，有利于推动我国各民族的相互学习和交流，推动边疆少数民族地区的发展和进步，使民族关系从相对封闭、隔绝的状态发展为越来越多的交流状态，真正取得各民族更高程度的认同感。

2. 多种形式的非物质文化遗产为文化产业的发展提供资源保障

在国家公布的国家级非物质文化遗产名录里，有牡帕密帕（民间文学类）、遮帕麻和遮咪麻（民间文学类）、哈尼族多声部民歌（传统音乐类）、彝族海菜腔（传统音乐类）、阿诗玛（民间文学类）、铜鼓舞（传统舞蹈类）、傣族孔雀舞（传统舞蹈类）、傣剧（传统戏剧类）、彝族民歌（传统音乐类）、布朗族民歌（传统音乐类）、纳西族热美蹉（传统舞蹈类）、佤族清戏（传统戏剧类）、建筑彩绘（传统美术类）、藏医药（传统医药类）、黑茶制作技艺（传统技艺类）等。文化企业通过技艺展示、游客体验、舞台演出等方式将非物质文化遗产呈现给广大消费者。

3. 云南拥有丰富的世界文化遗产和自然遗产

云南有世界文化遗产丽江古城、哈尼梯田，世界自然遗产三江并流、石林澄江化石群，这些丰富的遗产吸引着全世界的游客到此观光旅游。在旅游资源开发方面，"一带一路"倡议提出了扩大旅游规模，互办旅游推广周、宣传月等活动，联合打造具有丝绸之路特色的国际精品旅游线路和旅游产品，促进共建各国游客签证便利化等措施。根据国家旅游局2017年上半年的预估数据，"十三五"期间，周边国家和地区约有8500万人次游客来华旅游，拉动旅游消费约1100亿美元。对国内各省区市、各地区，"一带一路"倡议也提出发挥各地区的优势，实施积极主动的开放战略，加强互动合作，全面提升开放型经济水平。云南因其重要的地理位置和丰富的旅游资源在文化旅游产业的开发方面具备先天优势。

4. 中国－南亚博览会有力地促进了云南与南亚国家和地区的文化交流

截止到2018年，中国－南亚博览会（2012年由南亚国家商品展升格为中国－南亚博览会）已经成功举办了五届。第五届中国－南亚博览会于2018年6月14—20日在昆明成功举办。博览会以"融入'一带一路'、促进合作共赢"为主题，坚持互惠互利的原则，扩大开放格局，进一步将服务融入"一带一路"建设。在博览会期间还举办了第十一届中国－南亚商务论坛、第八届大湄公河次区域（GMS）经济走廊论坛、第五届云台会、第四届中国－南亚智库论坛、第二届中国－南亚技术转移与创新合作大会、2016年中国·南亚东南亚艺术周等传统会期活动，以及首届国际产能合作论坛、孟中印缅经济走廊商会合作联盟第一次会议等新增会期活动。通过与政府合作、建立产学研基地等方式在各领域深度沟通交流,发表一系列联合宣言,签订一系列合作协议,推动南亚、东南亚等共建"一带一路"地区多边交流合作、共赢发展。

3.3.3 云南丽江古城多维导向发展模式分析

(一) 丽江古城多维导向发展之路

丽江古城又名大研镇,位于丽江坝中部,北倚象山、金虹山,西枕狮子山,东南临数十里的良田阔野,是中国历史文化名城,也是中国向联合国申报世界文化遗产成功的古城之一,是保存最为完好的四大古城之一。它是中国历史文化名城中唯一没有城墙的古城。丽江古城建城已有800多年的历史,总面积3.8平方公里,海拔2416米,有6100多户纳西人家。1997年12月4日,丽江大研古城因其选址科学、布局自然和谐以及深厚的民族文化底蕴与丽江的束河古镇和白沙古镇两座城建单元被列入《世界遗产名录》,填补了中国世界文化遗产中无历史文化名城的空白。

生活在丽江古城的主体民族是纳西族。几百年来,纳西文化兼容并包、博采众长。丽江古城体现了纳西族本土文化与汉族、藏族、白族等族多元文化的相互交融,展示着纳西族深厚的历史文化底蕴。

东巴文化是丽江古城文化传承的重要内容,是古代纳西族宗教、哲学、天文历法、医药、生态、伦理道德等思想观念的集中体现。纳西人的生活无一不贯穿着东巴文化的思想意识和仪式活动。古城的文化保护和传承也强调了纳西族民间文化,纳西族民间文化体现在纳西人的日常起居、婚丧嫁娶、节庆典礼等生活习俗中。

丽江古城利用其独特的历史文化资源,通过实施文化遗产保护和文化资源的有效利用,从一个边疆小城发展为世界级的历史文化名城。其独特的多维导向发展模式值得探究。

丽江古城多维导向发展主要可以分为四个阶段(见图3-1)。

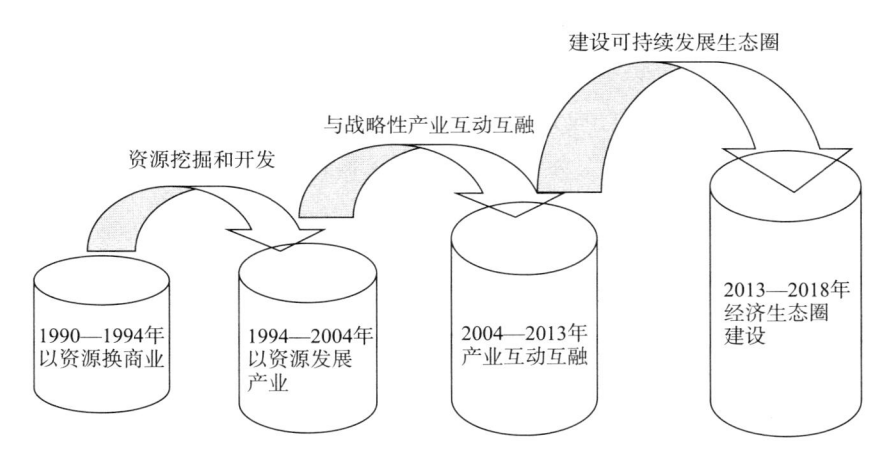

图 3 – 1　丽江古城多维导向发展模式

第一阶段，以资源换商业。1994 年，到丽江旅游的游客约 21.7 万人次，旅游综合收入 8100 万元。1994 年之前，文化资源是获取商业利润的主要手段。

第二阶段，依托资源发展产业。1994—2004 年，丽江启动了以资源发展产业的战略，将丽江古城申报世界文化遗产工作提上重要议程，之后实施了具体行动方案，推动城市基础设施建设，树立丽江古城旅游品牌。截止到 2004 年，到丽江旅游的海内外游客达到 350 万人次，旅游业快速发展。

第三阶段，产业互动互融，逐步形成产业链。2004—2013 年，丽江在大力发展旅游业的同时，城市基础设施建设、文化电视广播、公共社会服务业、物流业、信息技术产业、出版业等也获得了长足的发展，各个产业相互融合发展。

第四阶段，2013—2018 年，随着产业链和产业集聚区的建设，良性经济圈逐步形成。丽江古城也逐步形成集会展业、旅游业、教育业、影视业等经济新业态于一体的良性生态圈。

（二）丽江古城文化遗产保护和文化资源开发的原则和策略

丽江古城作为世界文化遗产，是人类文明的结晶，是世界文明与发展的见证。保护和传承文化遗产，应坚持保护为主、抢救第一、合理利用。同时，加强历史文化名城、名镇名村、历史文化街区、名人故居保护和城市风貌管理，实施传统村落保护工程，做好传统民居、历史建筑等的保护工作；实施非物质文化遗产发展工程，进一步完善非物质文化遗产保护制度。

丽江古城文化遗产保护应在国家政策的指导下坚持以下原则：

（1）尊重自然规律，对于无法避免和抗拒的自然灾害如地震、洪水、火山爆发、山崩等做好预警措施，建立预警监测体系；

（2）尊重文化遗产，保护文化遗产的真实性和完整性，故意伪造或者改变文化遗产原貌的做法均要禁止；

（3）政府有关部门应加强文化遗产的管理，针对新情况和新问题出台相关切实可行的措施；

（4）坚持可持续发展的策略，在发展旅游业以带动经济发展的同时，应做到旅游资源适度开发，做好对文化遗产的保护和修缮工作；

（5）加强国际文化交流，实现文化的相互借鉴、共同发展和繁荣。

结合丽江古城文化产业发展的现状，从以下五个方面提出建议。

（1）坚持文化创意旅游。丽江古城作为旅游目的地因历史文化而增加价值，历史文化通过旅游得到见证，也开阔了游人的视野。丽江古城旅游业在"一带一路"中的发展，要充分考虑文化和创意的结合。可以采用故事营销的模式，比如讲述纳西族英雄史诗《黑白战争》，或者将关于民间歌舞"热美蹉"来源的传说编撰成故事，深入与消费者互动；创作旅游微电影，并通过网络视频与社群媒体进行网络营销。

（2）注重非物质文化遗产传承人的培养。以行为方式为主要传承途径是非物质文化遗产的重要特征，如民间生活中的常识和专门知识仅通过书本认识是不够的，但行为传播的知识体系是脆弱的，若没有了传承人，传播体系也将不复存在。代表性传承人的培养是传承工作的重点和难点，而民间文化代表性传承人是传统文化价值的体现者。

以东巴文化为例，学识渊博的大东巴几乎能诵读所有经书，主持各种东巴仪式，写东巴文、画东巴画、跳东巴舞、造东巴纸，还通晓天文地理，若他们辞世后，一些经书无人能释读，仪式也无人主持。若不抓紧培养传承人，东巴文化中的一些秘密将永远无法揭示，对东巴文化的整体保护极为不利。建议举办非物质文化遗产传承人培训班，使其积极参与国家文物局、文化和旅游部组织的相关培训工作，通过人才培训、学术访问等方式，促进当地人力资源建设。另外，从微观层面处理好传承人与原居住地的关系。

（3）注重复合型人才的培养。人类的协作是一种总的历史发展趋势，而各国人民协同发展的基础是国际理解和民族沟通。外语具有促进人类协作的功能，服务于国际经济、文化的交流。随着"一带一路"倡议的实施，外国游客特别是共建国家的游客人数会呈现较大增长。云南省教育厅颁布的《云南省高等学校小语种人才培养项目规划》，将越南、老挝、缅甸、柬埔寨、泰国及印度等国的语言列为小语种教学和人才培养的重点。就丽江古城而言，这就需要既通晓纳西族本民族文化，又熟练掌握英语的复合型人才；也需要既能掌握现代信息技术，又具备管理经验的人才。建议政府和企业提前做好人才培养和储备，以适应经济发展的新形势。

（4）重视培养青少年文化遗产保护意识。据了解，古城的兴仁小学开设了纳西语语言特长班，开展纳西族母语教育，老师教授的内容有民歌、儿歌、谚语、《东巴经》里面的故事，通过培养孩子的兴趣，使孩子掌握纳西族的传统知识和道德规范，这是令人欣慰的现象。丽江文化的传承离不开对青少年的培养，将东巴文化、纳西族母语教育和乡土知识教育纳入学校教育之中，使青少年深刻感受到本民族文化的深层意蕴，才能对继承和发扬传统文化发挥积极作用。

（5）建立完善的文化企业安全预警系统。大大小小的文化企业遍布丽江古城各个角落，为保障文化企业的可持续发展，建立健全安全预警监测体系刻不容缓。体系的建立不仅应涵盖建筑、街道、桥梁、河道、广场、古树古木等遗产本体的基本信息，还应包括游客流量监测、水质监测、噪音监测、人员定位等，真正做到安全无死角。

总之，丽江古城通过区域整合的方法带动周边村落的协同协调发展，并根据纳西族历史文化特色赋予特定的主题文化以保留原居民，从而使得古城文化企业保持旺盛的发展势头。此外，文化遗产对于展现世界文化的多样性具有独特作用。保护文化遗产就是保护全人类共同的财产，有利于各国人民增强对世界的认识，增进各族人民情感交流，从而拉近与世界各国的距离。丽江古城作为文化的载体也必将对文化遗产的保护和传承，以及当地文化产业的发展贡献自己的力量。

3.4 丝绸之路经济带沿线省区市文化产业竞争力提升路径分析

城市的发展与文化产业的发展密切相关。城市需要文化产业创造工作机会，打造城市形象品牌，为城市带来巨大的发展动力；文化产业离不开城市多元的生活方式、巨大的消费能力、较多的政策红利，使城市成为文化产业发展的基地。

关于城市竞争力与文化产业的关系，每年都有关于城市竞争力的评估。联合国开发计划署调查的2015年世界人类发展指数，根据人均收入、预期寿命和受教育程度得出，目标指标在于健康、有尊严的生活，北欧国家占绝对优势。清华大学国家文化产业研究中心列出2015年中国城市文创竞争力的排名，前十名分别是北京、上海、深圳、广州、杭州、天津、成都、重庆、西安、武汉，按照城市实力、文化创意能力和社会影响力三个大方面进行排列。城市实力这一板块重点考察城市的经济实力、人口要素、文化资源、社会秩序、移动指数；文化创意能力主要体现在文化创意收益、产业实力、研发创意、市场占有、电商指数上；社会影响力主要涵盖辐射包容、引领示范、信心指数、搜索指数等指标。

习近平总书记在十八届五中全会上提出五大发展理念的时候，专门谈到"创新"，把理念创新、制度创新、科技创新、文化创新并列，而文化创新是其中的重要环节。对丝绸之路经济带文化产业创新的认识和深化：从观念上讲，文化创新体现在科技体系所支撑的以交互式为表现形式的可视可触产品上，在精神价值体系方面体现在可以感知、产生共鸣的文创产品上；从文明的角度而言，不同文明之间通过对话、交流，进而求同存异，可以构建世界文化发展的桥梁等。因此，对于文化产业而言，发展和机遇并存。可以说文化产品的内容是核心竞争力，科技改变产品的形态，文化资本的投入扩大市场份额，文化产业的服务质量决定了事业的成败。

当前，丝绸之路经济带文化产业发展处于一个多元、开放、平等和包容的时代。各国的文化产业发展和国内各省区市的文化产业发展也存在一个求同存异、协调发展、优势互补、创新融合的关系，丝绸之路共建国家基于对各国文化和文明的尊重，应在此基础上共建社会、经济共同发展的大厦。

丝绸之路沿线省区市以各类国际艺术节、文化博览会、展览会为平台的文化交流和文化贸易活动带动了整个西北和西南地区经济的发展。丝绸之路经济带沿线省区市，在区域发展过程中，要协调好物质文明与制度文明的关系，即在发展经济的同时，要关注文化产业政策和制度建设；协调好重点突破与全面发展的关系，了解丝绸之路经济带建设过程中，自身文化产业的优势和短板是什么，如何取长补短；处理好继承传统与融合创新的关系，在保持特色文化产业的基础上，创新文化产业的形式和种类，将文化内容做得独具竞争。

3.4.1 挖掘文化资源促进旅游业的发展

文化资源是文化产业发展的基础，但并不决定文化产业的成败。

从现代文化产业角度讲，历史文化中的某些遗存是文化经济的组成部分。充分挖掘历史上积淀的文化元素，使其成为发展文化产业的素材，才是文化资源转化为文化产业的有效途径。从文化资源本身来讲，文化资源未必都是具有积极意义的。文化的价值具有相对性，积极、富有正面价值的文化是值得推崇的，而极端、暴力等有害的文化则需要摒弃。同时，文化积淀较少、文化底蕴相对较浅的民族或地区也可以在文化产业方面取得显著的成绩。因为文化产业以创新为主要特点，包括内容、传播途径、融资渠道等方面的创新。从文化创意的角度讲，也就是将优秀的传统文化体现在新的文化产品和服务中。

2008年，国家旅游局提出了文化是旅游的灵魂，旅游是文化的载体，是文化发展的重要途径。文化是旅游的灵魂，体现出人们之所以愿意付出一定的财力、时间去旅游，是因为觉得旅游可以换来比金钱或时间更多的文化体验。旅游的文化体验是从旅游景点、自然风光、美食、购物、民俗等多方面得到的，那么不论是自然景观，还是人文景观，都涵盖文化的因素。

此外，旅游是文化的载体体现出旅游业应与时俱进。旅游产品的售卖和服务是单纯的、原汁原味的已有文化的表现。不管是游山玩水的山水文化还是名胜古迹的历史文化，随着旅游产业的发展，游客通过自身体验写出的游记和拍摄的图片都是一种对文化的呈现，旅游对文化是一种改造，同时也是一种创造。

伴随着丝绸之路经济带旅游资源的挖掘和开发，沿线旅游市场不断升温。2014年6月，"丝绸之路：长安—天山廊道的路网"成功获得世界文化遗产称号。这是我国与哈萨克斯坦、吉尔吉斯斯坦两个国家在文化交流、文化遗产保护方面的重大合作项目。丝绸之路经济带沿线省区市有丰富的历史文化资源，比其他省区市在与中亚地区人文交流、资源开发、区域合作等方面有优势。甘肃在"十三五"以来，推出了中医养生游、大漠自驾游、民族风情游等诸多特色旅游产品，成为丝绸之路经济带旅游业发展的亮点。陕西省推出了"丝绸之路起点"体验旅游走廊、丝绸之路历史文化旅游区、黄河旅游带等特色旅游品牌,强化旅游工艺品和纪念品的创意设计,丰富特色旅游产品。在跨境旅游方面,西北各省区市已经开通了中亚和欧亚航线,铁路和公路国内段也实现了互联互通。

丝绸之路经济带沿线省区市应在保护文化资源的基础上挖掘其产业价值,发挥文化旅游业的先导作用。历史文化名城、古城、古镇在进入文化旅游市场时,应从文化传承和文化遗产保护出发保护原址、原貌,不能仅仅是复建或模拟历史场景,进行简单的复原。

在文化旅游方面,结合丝绸之路经济带各省区市的资源,大力发展文化旅游。倡导绿色发展理念,鼓励各地利用博物馆、文化遗址、产业园区及现代工厂等资源,打造具有鲜明地域特色的文化旅游产品。加强与相关部门协同,促进文化旅游与传统观光旅游、科普教育相结合。鼓励文化企业利用用户体验中心等形式进行产品展示和品牌宣传,建设一批具有社会公益功能的文化旅游示范点。

丝绸之路经济带沿线省区市发挥各自优势,积极搭建平台促进经济和文化的交流、合作。文化旅游产业可以发展为丝绸之路经济带建设的先导产业。在财政方面,中央财政应统筹专项资金,支持西部地区,促进文化与旅游、文化与科技、文化与金融的融合,引导文化产业投资消费成为应对经济新常态的重要措施,打造经济发展的增长点;整合西北文化旅游资源和线路,促进丝绸之路旅游文化的发展;挖掘丝绸之路文化遗产的内涵,提升共建国家游客签证、出入境等方面的服务能力,打造丝绸之路文化旅游目的地;国家应统筹广播、电视、电影、文化旅游节庆活动,支持在丝绸之路经济带沿线省区市举办文化赛事、体育赛事、庆典等活动,以提升文化旅游的影响力;挖掘和保护乡土文化资源,提升乡土文化内涵,培育和扶持丝绸之路经济带文化产业,将乡土文化资源作为创新的切入点;支持沿线省区市与共建国家和地区的高校开展深度合作,打造国际教育平台;建立长效机制,使丝绸之路沿线省区市的交流制度化和常态化。

我国于2018年组建文化和旅游部以及之后各地文化、旅游相关机构进行的调整都旨在理顺权责关系,将区域文化资源、人力资源、资本投入等要素充分利用起来,保持经济的可持续发展,并使其对其他行业如民航、铁路客运、住宿等的贡献率逐年增高。以旅游业为丝绸之路经济带文化产业发展的重要抓手,进一步促进民心相通和经济合作,推动丝绸之路经济带共建国家和地区的人民对我国文化的认同。

3.4.2 理顺文化事业和文化产业的关系

文化产业的发展离不开文化事业,文化产业和文化事业相辅相成。文化事业主要通过公共文化服务体系的搭建,实现公共文化产品和服务的供给,进而维护人民群众的基本文化权益,满足人民群众的文化需求,丰富社会文化生活,引导公共文化消费,体现出文化的社会属性和公益属性。

文化产业依据其生产目的的不同,可以分为营利性文化产业和非营利性文化产业。非营利性文化产业的发展需要通过政府财政、税收、法律等手段促进,由政府和非营利组织主导。文化产业不同于文化事业,文化事业以取得社会效益为主要目标,提供公共文化产品和服务;文化产业在一定程度上追求利润最大化,使用经营性文化资源生产私人所需的文化产品。文化事业的主管单位一般是政府部门,资金主要来自政府拨款;文化产业的成员主要是企业单位,资金来自社会资本或多元化的混合资本。

公益性和非公益性文化产业的发展理应宣扬真、善、美,宣扬社会正能量;文化事业和文化产业发展应有底线,有所为有所不为;文化事业和文化产业从业者理应坚持职业操守,树立强烈的社会责任意识，将优秀的文化产品推向市场。在公共文化事业领域，推动传统出版发行、影视制作等文化产业转型升级，实施特色文化产业发展工程。

在《西部大开发"十三五"规划》第四章"增加公共服务供给"中，我国政府提出坚持着力提高公共服务共建能力和共享水平，教育政策和人才政策向西部高校倾斜，加快民族教育发展，加强非物质文化遗产保护，推进西部地区石窟壁画文化遗产的数字化保护，推进国家级文化生态保护区建设，加强对西部地区基层文化队伍的培养和扶持，加快广播电视节目无线数字化覆盖，加快推进政府购买社会服务等市场化办法。在产业结构调整方面，加快传统产业改造升级，依托国家级新区、自主创新示范区、高新技术开发区等载体，建设具有引领和带动作用的创新型城市和区域创新中心，建设若干水平较高、具有鲜明特色的产业集聚区。支持"一带一路"境外产业集聚区项目建设，促进优势产能、技术、标准参与国际市场竞争。以"一带一路"建设为契机，统筹规划国内和国外的创新资源，建设面向共建"一带一路"国家和地区的科技创新基地，加强国际创新合作。

2016年12月25日，第十二届全国人民代表大会常务委员会第二十五次会议通过《中华人民共和国公共文化服务保障法》。此法在第一章第二条中指出，此法所称的公共文化服务，是指由政府主导、社会力量参与，以满足公民基本文化需求为主要目的而提供的公共文化设施、文化产品、文化活动以及其他相关服务。此法的第一章第四条提出，县级以上人民政府应当将公共文化服务纳入本级国民经济和社会发展规划，按照公益性、基本性、均等性、便利性的要求，加强公共文化设施建设，完善公共文化服务体系，提高公共文化服务效能。丝绸之路经济带公共文化事业和文化产业的发展同样应遵照此法。此法明确了各级人民政府是承担公共文化服务的主体，明确了以政府为主导，同时激励和支持社会力量参与到公共文化服务中。对于承担文化宣传教育功能的文化馆、博物馆来说，在国家文化政策的引领下，应贯彻落实"创新、协调、绿色、开放、共享"五大发展理念，积极推进文化创意产品的开发，在一定程度上实现社会效益和经济效益的共赢。文化馆和博物馆通过自主开发、合作开发、委托开发、版权授予等方式，开展一系列探索与实践，推出精品文化产品，满足社会大众的文化需求。

2018年12月，《国务院办公厅关于印发文化体制改革中经营性文化事业单位转制为企业和进一步支持文化企业发展两个规定的通知》（国办发〔2018〕124号）正式发布。文件就继续推进国有经营性文化事业单位转企改制中涉及的国有文化资产管理、资产与土地的处置、收入分配、社会保障、人员安置等问题做出了明确规定。此规定为促进文化企业的发展注入了新的动力，相关规定便捷了事业单位的转企改制。如经营性文化事业单位转制为企业后，五年内免征企业所得税；由财政部门拨付事业经费的经营性文化事业单位转制为企业后，对其自用房产五年内免征房产税等。此外，文件提出建立党委和政府监管国有文化资产的管理机构，强调国有文化企业要健全协调运转、有效制衡的公司法人治理结构，探索实行特殊管理股试点和股权激励试点。

政府制定的文化政策更多的在于发挥鼓励、支持、协助与服务的作用，而非干预或者限制。第一，政府所扶持的公共文化机构，如公共图书馆、博物馆等，让社会民众享有均等的机会，去参与广泛的文化性事务与活动，提高文化素养。第二，政府应创造更多的机会，推动公益性文化教育，使地方性和非主流的文化活动得以均衡发展，不因性别、地域、阶级、年龄等因素的差异阻碍文化事业的发展。第三，具有鲜明民族特色的文化活动或体现历史传承的传统文化等应受到政府的保护和扶持，政府或公共团体在人力、物力、财力等方面予以持续性的支持。第四，重视社区文化活动的规划，社区文化活动不同于区域性或全国性的文化活动具有一定规模，但其具备的文化特质，也是国家或民族整体文化链条中的重要组成部分。第五，鼓励开展企业文化进校园、技能人才进课堂等活动，支持企业、工业园区等设立实训基地、青少年文化教育示范基地，开展多层次的文化教育活动。

丝绸之路经济带沿线省区市应充分发挥本省图书馆、文化馆、博物馆、群众艺术馆、美术馆等公共文化机构在传承丝路精神方面的作用（见表3-2），编撰出版和购买丝绸之路文化经典著作，助力本省文化产业的发展；加强与丝绸之路经济带共建国家和地区的文化交流与合作，鼓励发展对外文化贸易，促进更多优秀文化产品走向国际市场，加强中国出版物的国际推广和传播，扶持汉学家和海外出版机构翻译中国图书等；支持本省区市具有特色的烹饪活动，举办节庆活动或民间民俗活动，将民乐和戏曲等传统文化展现给国内乃至国外民众，提升本省的文化竞争力；举办丝绸之路经济带文化产业博览会，举办电影、流行音乐展演会等，加强文化品牌建设。

表3-2 2015年丝绸之路经济带沿线省区市文化事业发展状况

省区市	文化事业费（亿元）	公共图书馆数量（家）	文化馆数量（家）	文化站数量（个）	博物馆数量（家）	艺术表演团体数量（个）	艺术表演馆数量（家）	文化文物机构总收入（亿元）
新疆	13.9	107	116	1144	76	123	15	3.1
陕西	19.2	110	122	1650	221	119	86	54.4
甘肃	9.9	103	103	1331	143	124	22	28.6
青海	5.1	49	55	358	22	37	16	9.6
宁夏	3.8	26	26	227	11	33	3	8.8
云南	14.4	151	148	1398	84	259	18	30.7
贵州	9.7	96	98	1589	75	106	6	37.8

资料来源：国家统计局社会科技和文化教育产业统计司、中宣部文化体制改革和发展办公室编《中国文化及相关产业统计年鉴—2016》。

随着公共文化事业和文化产业的不断发展，研究的重心逐步从文化政策研究转向文化产业研究。在为公共利益而探讨文化政策的理论价值、政治和社会意义的倾向弱化的同时，文化产业创意所体现的商业价值也日益显现。

3.4.3 小微文化企业的发展路径

就小微文化企业发展路径和策略来说，首先，文化企业在把握商业机会的基础上，要明确自身优势和劣势，有敏锐的市场洞察力和行动力。其次，文化企业在构建核心团队的时候，要体现优势互补性，使企业在人力、技术、资金等方面补足短板。最后，树立品牌意识，文化企业的长足发展还是要立足于好的产品，满足顾客的需求，这是文化企业的特点。

在大型文化企业发展挤压下，小微文化企业要凭借自身优势赢得一席之地，需要积累自身的无形资产，培育自身的IP，形成自己独立的知识产权，这样才能在文化产业激烈的竞争中不至于被淘汰。小微文化企业的资产评估体系需要完善，因小微文化企业在初创阶段无法形成银行信用，无法进行信用担保，无法贷款，文化企业无形资产评估也是将来需要研究的一个课题。

就从事旅游业的小微企业来讲，因城市规划产能过剩，城市土地无法获取，规划师、设计师将注意力转移到乡村，实践乡村建设。文化投资在2016年前后重新进行洗牌。小微文化企业应尊重文化，注重传统文化的表达和创新；更应坚持以人为本，采取城乡结合、校企合作的模式，从事的乡村文化建设项目，不拆一砖一瓦，不摘一花一草，在小而美的基础上建设。

从文化产业不同细分领域的属性来看，一般可以分为内容、媒介、产品、服务四大类。其中文化产业最为核心的仍然是创意、内容和有创意思想的人。产业格局在不断变化，内容行业总会有一些小而美的公司存在并"生长"着。据悉，阿里巴巴已低调投资了一批小的制作公司，如制作微电影的小团队。因此，在可以预见的未来，小微文化企业将成为文化产业并购重组的主体。

我国近年来的经济形势从高速增长转为中高速发展，经济下行趋势明显，文化产业则呈逆势发展态势，从中低速发展转为中高速发展。2014年以来，随着经济结构优化升级，文化产业结构也在发生转变。对外而言，文化产业从向内部发展转化为向装备、消费品、信息业、建筑业、旅游业、农业、体育业等提供跨界服务。就内部的结构变化而言，首先，发展特色文化产业，以民俗、工艺品、旅游、演艺等形式为代表；其次，文化产业更多地向创意、创新领域发展，动漫、网络游戏、创客、休闲旅游等不断发展。

关于文化商业模式，对于小微企业来说，产品是一切，增强核心竞争力是根本。就企业内部来说，应加大技术研发、内容生产、运营推广；就外延来讲，需要投资、并购、基金等运行模式。小微企业也应跨界建立产业链，投资的时候不要仅仅投资项目本身，还要投资股权；尽量找政府合作，赢得政府的支持；建立互联网文化产业平台，如马东、高晓松建立的新媒体平台。就版权培育和运作程序来看，其涵盖了传统纸质文学作品、网络文学等，可以将图书、影视、游戏、动漫、有声读物等多种产品形式相结合；注重IP的培育、版权交易、合作开发。

小微企业必须加强跨界资源整合，微电影、网络剧、游戏、IP大产业链结合，指导影视公司或创业企业参与，走以互联网为核心，平台为主，辅以内容，多元化和专业化的道路。影视公司、星影联盟、网上院线、视频平台等合作，通过资本运作整合产业。

由于技术的赋能，小微企业和创新型企业将成为未来新型全球化的主力。文化产业领军人物在文化企业发展过程中起到核心作用。以往由于信息不畅通，小微企业通过差价获得盈利；但在互联网时代，信息公开，价格透明，保持文化产品质量的提升是文化企业不断成长的法宝。丝绸之路经济带文化企业在制定发展战略时，要着力思考企业拥有什么资源，企业的发展目标和途径是什么，核心竞争力在哪里等。在丝绸之路经济带文化产业发展较好的时候，积极迎接全球化，以高品质的文化产品参与社会竞争；在文化产业发展不好的时候，要加强内部学习提升、组织改造。

4 丝绸之路经济带文化产业发展建议和对策

4.1 制定符合时代发展的文化产业政策

4.1.1 完善和健全文化产业政策的依据

文化产业发展政策的需求体现为政府合理规划文化产业园区，举办大型文化产业活动，制定和出台符合产业发展需求、具有前瞻性的文化产业政策，成立文化产业发展基金，加强相关科学研究等。

在"一带一路"背景下，完善和健全文化产业政策，有效地促进文化产业的发展，可以从以下几个方面着手。

首先，国家的文化和旅游部、工业和信息化部、财政部等相关职能部门应依据我国和世界文化产业的现状，制定相关文化产业政策。文化政策的主旨在于把握方向，促进艺术创造，促进文化发展。

其次，文化政策和经济政策密切相关。文化产业以一种创造性的艺术为中心，并向外拓展到旅游、新媒体、影视广播、出版等领域。文化产业一方面要顺应市场的发展，但若过度追求经济效益，其商业价值容易被美学价值取代；另一方面文化产品的商业价值得以充分体现，将有利于文化产业的扩大再生产。

最后，文化产业的发展既应重视有形文化遗产的保护，也应注重无形文化遗产的保护和利用。在许多时候，国家的凝聚力可以通过对民众进行系统的文化教育来增强。此外，各类文化产品制作技艺、文学表达方式、传统节日庆典形式等非物质文化遗产对文化产业的发展起到了日益重要的促进作用。

在"一带一路"文化发展的保障措施方面，《文化部"一带一路"文化发展行动计划（2016—2020年）》（文外发〔2016〕40号）提出在组织保障、政策法规保障、资金保障、人才保障、评估落实等方面切实推进"一带一路"文化发展；提出"一带一路"文化发展目标是全面提升我国文化领域的开放水平，立足周边、辐射共建"一带一路"国家，在全球合作的理念下，构建文化交融的命运共同体，并将健全文化交流合作机制，完善文化交流合作平台，打造文化交流合作品牌，使品牌效应充分展现，促进文化对外贸易渐成规模，推动"一带一路"文化产业的繁荣发展。

4.1.2 确保文化产业政策促进企业发展

2016年，《西部大开发"十三五"规划》公布，西部大开发所涉及的省区市和"一带一路"所涵盖的省区市有重合之处，如新疆、陕西、甘肃、宁夏等省区市既是丝绸之路经济带所关联的地区，又是我国西部大开发所涵盖的地区。这些地区文化产业的发展必然在国家政策的引导下有序开展，在以大数据、健康产业、旅游产业、物流业等为代表的新产业、新业态的带领下，丝绸之路经济带文化产业也必将迎来新的发展契机。对于丝绸之路经济带沿线的省区市，应在政策上落实西部大开发文化产业税收优惠政策，促进西部地区文化产业健康发展。

丝绸之路经济带文化产业同样面临着发展的机遇和挑战。从产业结构的角度而言，文化创意设计和产业融合愈发紧密，从产业集聚到特色街区建设也逐步成为产业结构发展的趋势；从产业组织的角度而言，大型文化产业集团与中小文化企业发展并存，市场细分明显；从产业发展的角度而言，文化科技水平逐步提升，"互联网＋"模式渗透到文化产业各个领域；从发展目标的角度而言，文化产业逐步发展为国民经济支柱性产业，并与人们的创意生活紧密相连。丝绸之路经济带文化产业的发展除了以上共性之外，还上升到了文化传播、文明互动的高度。

丝绸之路经济带沿线省区市在构建国家文化交流的平台建设方面，应充分利用国家和各省区市已经搭建好的平台，并积极拓宽文化交流的平台。充分发挥中国－东盟博览会、中国－亚欧博览会、欧亚经济论坛、中国－阿拉伯国家博览会、中国西部国际博览会、丝绸之路国际博览会暨中国东西部合作与投资贸易洽谈会、中蒙博览会等国家级展会的平台作用，支持甘肃办好丝绸之路（敦煌）国际文化博览会，在"一带一路"建设重点合作领域打造有影响力的专业论坛、展会。支持开展丝绸之路国际艺术节等对外文化品牌活动，扩大精品节目品牌影响力，推动西部地区特色文化产品与服务"走出去"。

4.2 完善复合型文化产业人才培养制度

4.2.1 扶持文化创意人才培养

2014年印发的《国务院关于推进文化创意和设计服务与相关产业融合发展的若干意见》，将强化人才培养、实施文化创意和设计服务人才扶持计划作为今后工作的重点。2014年，文化部和财政部率先启动文化产业创业创意人才扶持计划，由文化部直属的中央文化管理干部学院负责组织和实施。

此指导意见，就人才培养提出了推动实施文化创意和设计服务人才扶持计划，打破体制壁垒，扫除身份障碍，营造有利于创新型人才健康成长、脱颖而出的制度环境；鼓励将非物质文化遗产传承人培养纳入职业教育体系，发挥职业教育在文化传承创新中的重要作用；推动民间传统手工艺传承模式改革，培养一批具有文化创新能力的技术技能人才。加大核心人才、重点领域专门人才、高技能人才和国际化人才的培养和扶持力度，造就一批领军人物。健全符合文化创意和设计服务人才特点的使用、流动、评价和激励体系，按照国家有关规定，进一步落实国有企业、院所转制企业、职业院校、普通本科高校和科研院所创办企业的股权激励政策，推进职业技能鉴定和职称评定工作，加强人才科学管理。

2016年12月，我国政府发布《西部大开发"十三五"规划》。规划提出重点实施人才优先发展战略，将人才视为支撑社会发展的第一资源，倡导构建具有国际竞争力的人才制度优势，提高人才质量，优化人才结构。对于文化产业人才队伍而言，建设丝绸之路经济带人才队伍，在应用型专业人才的培养方面应加大文化产业人才的培养，促进文化产业专业人才的优化配置，培养和聚集懂得文化产业专业知识、善于管理、具有国际视野的人才。丝绸之路经济带文化产业的发展不能仅仅靠招商引资带动，还需要一批懂经营管理的企业管理者。经济运行形势不利的时代才是考验优秀企业家的关键时刻，在战略规划、调配资源、组织框架等方面体现出企业家的素质。

2014年，文化部联合财政部启动了文化产业创业创意人才扶持计划。2017年1月18日，文化部、财政部文化产业创业创意人才扶持计划项目专家座谈会在北京恭王府召开。会议就文化产业创业创意人才的培养和文化产业可持续发展进行了充分的座谈。该计划依托中央文化管理干部学院等实施单位，通过中国义乌文化产品交易博览会、中国苏州文化创意设计产业交易博览会、中国（深圳）国际文化产业博览交易会等平台，面向全国征集青年创意设计作品上万件，入库1000多位优秀创业创意人才，有上百位人才得到了重点扶持，近千人参加了专业培训。该计划为青年创意设计人才提供了交流、学习的平台与展示、推介的机会,帮助青年创意设计人才实现从创意作品到产品的跨越,得到了相关各界的普遍认可。

2017年,文化产业创业创意人才扶持计划继续得到中央财政文化产业发展专项资金支持。座谈会上,项目申报与实施单位中央文化管理干部学院还介绍了扶持计划项目的工作进展和2017年工作设想。2017年该项目进一步贯彻落实"大众创业、万众创新"战略部署,围绕文化文物单位文化创意产品开发、藏羌彝文化产业走廊建设等文化产业重点工作,对接中国义乌文化产品交易博览会以及全国大众创业、万众创新活动周等活动与平台,进一步拓宽作品征集渠道,提升入选作品品质、人才质量,发动社会力量参与,加大成果的宣传推广,扩大社会影响。

与此同时,我国文化产业及相关产业的从业人员也在大幅增加(见表4-1)。

表4-1 2004年、2008年、2013年、2015年我国文化及相关产业法人单位、从业人员等数据统计

年份	法人单位(家)	从业人员(人)	主营收入(亿元)
2004	317900	8732600	16225
2008	460800	10082000	268020
2013	918500	17600000	101480
2015	1140300	19170000	120349

资料来源:国家统计局社会科技和文化产业统计司、中宣部文化体制改革和发展办公室编《中国文化及相关产业统计年鉴—2016》。

在2017年公布的《国家教育事业发展"十三五"规划》中,着力倡导提升学校人才培养质量,加强职业精神培育,推动产业文化、优秀企业文化、职业文化进校园活动,强化大国工匠后备人才培养。文化产业的发展同样需要具有一技之长的工匠和工匠精神。2017年1月6日,《工业和信息化部 财政部关于推进工业文化发展的指导意

见》中提出，要培育一批尊崇工匠精神的高素质产业工人，树立"大国工匠"精神，引导企业长期专注于产品的质量提升和品牌培育。对于丝绸之路经济带沿线省区市的文化企业而言，应将文化产品做精、做细，始终将质量意识、品牌意识放在重要位置，将工匠精神作为企业文化的重要组成部分。

4.2.2 拓宽文化产业人才培养模式

在高校，通过优化专业设置，鼓励普通本科高校和科研院所加强专业（学科）建设和理论研究。积极推进产学研用合作模式培养人才，发展专业学位研究生教育，扶持和鼓励相关行业和产业园区、龙头企业与普通本科高校、职业院校及科研机构共同建立人才培养基地，支持符合条件的设立博士后科研工作站，探索学历教育与职业培训并举、创意和设计与经营管理结合的人才培养新模式，加快培养高层次、复合型人才。

丝绸之路经济带文化产业的发展有赖于增强区域文化的实力，提升文化产业人才培养的质量。首先，依托高校平台培养文化人才，高校要改革和创新人才培养模式，培养应用型文化产业人才；引导高校适应社会发展的实际需求，使学生的知识体系和实践能力更符合用人单位的要求，形成多途径、多形式的文化人才培养模式。其次，建立产、学、研联动的人才培养模式，增强文化人才和文化企业的匹配度；引导推动人才培养链与产业链、创新链有机衔接；营造良好的人才发展环境，鼓励人才资源开发和人才引进，完善人才评价激励机制和服务保障体系。最后，营造崇尚专业的学习环境和社会氛围，大力弘扬新时期工匠精神。

根据国家信息中心"一带一路"大数据中心的《"一带一路"大数据报告（2017）》，国内媒体和网民最为关注的"一带一路"十大人才类型是语言类、财务管理类、法律类、教育类、金融类、文化产业类、土木工程类、旅游管理类、电子商务类、现代物流类。2018年11月，中国翻译协会发布《2018中国语言服务行业发展报告》，报告从产业、人才及行业标准等方面介绍了中国语言服务行业发展情况，并对中国语言服务行业发展面临的问题与挑战提出了建议，以利于更好地推动语言服务行业创新、服务改革开放、服务"一带一路"和对外话语体系建设、服务中外交流的局面。根据国家信息中心对423家语言服务机构的调研，大多数文化企业提供的是中译英或英译中的服务，在非通用语言尤其是共建"一带一路"国家非通用语言翻译方面，只有不到3%的文化企业提供服务，小语种的翻译人才极度缺乏。

因此，在人才培养方面，国家应积极整合资源，建立"一带一路"多语言中心和"一带一路语言数据库"。此外，确立汉语在"一带一路"关键领域、重大项目和重大工程相关文本和国际会议、展览、博览会上的主导地位和作用；利用国家每年向共建国家提供1万个政府奖学金名额的政策，西北省区市应面向丝绸之路经济带共建国家开展职业教育、语言服务和其他留学服务。

推动丝绸之路经济带共建国家语言服务平台的建设，推动语言技术发展，建立包括在线翻译等多维语言服务体系，提高语言服务移动化、智能化水平，推动传统语言服务行业转型升级和发展壮大，探索语言大数据增值服务机制，为丝绸之路经济带建设和企业对外发展提供高品质的多语言服务支持。

4.2.3　完善人才引进政策

丝绸之路经济带沿线省区市应加快实施更积极、更开放、更有效的人才引进政策，加快完善高效便捷的海外人才来华工作、出入境管理服务。扩大来华留学生规模，优化留学生结构，完善培养支持机制。培养推荐优秀人才到国际组织任职，完善配套政策，畅通回国任职通道。人才是企业发展的基础，在经济全球化的背景下，文化企业特别是家族式文化企业在人才体系的培养方面应早做准备，早着手培养接班人。文化企业的领导和员工要不断学习，了解和把握经济态势，顺势而行。

政府应积极营造适宜的市场环境，吸引创意人才入驻，让创意人才有充分发挥才干的空间；积极利用各类引才引智计划，引进海外高端人才。政府通过资助艺术家和展览以鼓励文化创造力。文化从业者的创造力源自文化传统，鼓励基于传统的创新，超越自身文化界限，借鉴其他优秀文化。探索文化产业得以开放的多种方式，并更多地激发创造力的产生，促使传统文化观念在新产业中具有更大的竞争力。

4.3 推动文化产业与科技发展相融合

4.3.1 充分利用科技进步带来的便捷

丝绸之路经济带沿线省区市发展文化产业，应促进信息技术在文化产业中的应用，加快互联网时代传统文化产业的转型升级、技术的刚性支持、协同文化的柔性支持，更好地打造中国制造。

德国的"工业4.0"、美国的"工业物联网"、中国的"中国制造2025"都强调了大数据的运用，运用大数据是未来工业的一个重要特征。大数据在各个领域兴起的主要原因在于：依靠人的经验与分析已经无法满足当今复杂的管理和协同优化需求了；设备自动化过程中，控制器产生的大量数据未被充分挖掘和利用；传感器及通信技术的发展，便利了实时数据的获得；云计算等信息技术提供了大数据的处理运算能力。大数据分析解决方案在文化产业领域具有广阔的应用前景，通过大数据分析，可以帮助文化企业进行设备运行分析、文化产品生产过程中的生产优化分析、经营管理和决策分析等，通过数据整合集成、交互式数据智能分析工具进行数据分析，帮助文化企业建立企业中央数据库，为文化企业的产业升级提供支持。在发展和传播工业文化方面,注重推动创新,鼓励体现中国文化实力的设计产品和服务,扩大影响力。促进丝绸之路经济带沿线省区市着力打造工艺美术特色产品,走品牌化发展的道路,通过运用新技术、新工艺和新材料,创新发展工艺美术产业,打造丝绸之路工艺美术特色区域品牌,支持文化新业态发展。利用数字技术、网络技术、虚拟现实技术等现代技术,推动文化创新发展。推动文化与数字媒体、可穿戴设备、机器人、智能汽车等的融合发展,催生一批新技术、新工艺、新产品、新业态。结合区域优势和地方特色,打造文化创意园区和文化特色小镇。加大丝绸之路文化传播力度,不断增加传承载体,拓宽传播渠道,使公众更好地理解、掌握、运用和参与丝绸之路文化的创新和发展。

4.3.2 探索互联网时代文化产业发展新模式

丝绸之路经济带文化产业的发展正逐步跨越工业时代迈向互联网时代,文化产业的商业模式也逐步从产业链模式、渠道模式等较为成熟的商业模式转变为当前相对无序的模式(见图4-1、表4-2)。

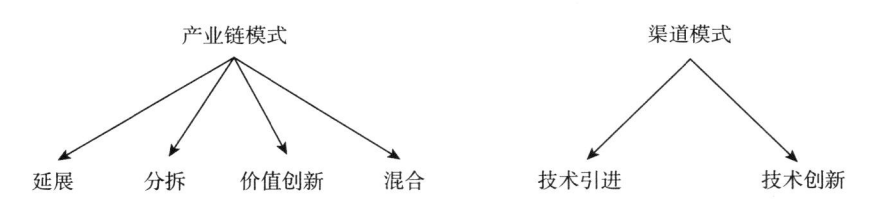

图4-1 工业时代文化产业的商业模式

表4-2 互联网时代文化产业的商业模式

序号	商业模式	代表文化企业
1	互联网+平台化模式	有妖气漫画
2	企业价值增值模式	乐视
3	跨界+资源模式	雅昌文化集团
4	核心资源+创新模式	北京嘉德在线拍卖有限公司

续表

序号	商业模式	代表文化企业
5	互联网+跨界拓展模式	北京百度网讯科技有限公司
6	文化电商模式	当当网
7	文化体验旅游模式	中青旅控股股份有限公司
8	企业并购成长模式	中国电影集团公司
9	文化实业+投资+资本运作模式	北京小米科技有限责任公司
10	互联网+传统产业转型模式	芬尼克兹

资料来源：北京大学陈少峰教授在第五届峰火文创论坛上的展示资料。

4.4 建立多元文化产业投融资渠道

4.4.1 拓宽文化产业投融资渠道

根据《关于金融支持文化产业振兴和发展繁荣的指导意见》（银发〔2010〕94号），中央推动符合条件的文化企业上市融资。支持处于成熟期、经营较为稳定的文化企业在主板市场上市；鼓励已上市的文化企业通过公开增发、定向增发等再融资方式进行并购和重组；探索建立宣传文化部门与证券监管部门的项目信息合作机制，加强适合创业板市场的中小文化企业项目的筛选和储备，支持其中符合条件的企业上市。

中央支持文化企业通过债券市场融资；支持符合条件的文化企业通过发行企业债、集合债和公司债等方式融资；对符合国家政策规定的中小文化企业发行直接债务融资工具的，鼓励中介机构适当降低费用，减轻文化企业的融资成本负担；对于从事文化产品生产的企业，采取出口退税、贴息等优惠政策，减轻文化企业负担。

传统银行信贷通常以有形资产，如房子、汽车等，进行抵押。文化产业因其自身特点，创新地以无形资产权利质押为质押物，特别是版权质押、未来收益质押等方式，再结合第三方担保机构提供担保，逐步形成了"政府专项资金加信用担保""版权质押加专业评估""版权质押加其他担保手段"等文化金融发展模式。

对于运作比较成熟的文化产业项目，以优质文化资本的未来现金流、收益权等为基础，探索开展文化产业项目的资产证券化运作。文化资产证券化是文化金融发展的趋势，通过对文化基础资产进行整合形成资产证券化产品，为企业融资提供保障。例如，电影企业票房的资产证券化、文化产业园门票的资产证券化。

在《西部大开发"十三五"规划》中，我国政府倡导充分发挥国家新兴产业创业投资引导基金、国家中小企业发展基金、国家科技成果转化引导基金等政府投资基金的作用，引导地方政府和民间资本共同设立创业投资基金。拓宽金融合作领域，进一步推动人民币跨境使用，完善人民币跨境清算安排，促进人民币离岸市场发展。

中央宣传部、中国证券监督委员会等九部门联合发出的《关于金融支持文化产业振兴和发展繁荣的指导意见》（银发〔2010〕94号），确定成立国家级文化产权交易所、艺术品交易所和投资融资综合服务平台。中宣部《关于贯彻落实国务院决定加强文化产权交易和艺术品交易管理的意见》（中宣发〔2011〕49号）明确重点支持的文化金融"先行先试"的试点单位。"文化四板"是按照中央部委及深圳市委市政府对深圳文化产权交易所在全国文化产业领域的战略部署，由深圳文化产权交易所成立的中国第一个专注服务于文化产业，致力于构建文化企业从"种子型企业"到"领军型企业"的良性发展梯队，为文化企业及项目全方位提供金融及非金融类孵化功能的投融资服务平台。

据《2016年中国文化产业资本地图与省级资本力指数报告》，2015年全年，流入文化产业的资金，除商业银行外，总资产规模达到3178亿元。其中，来自天使投资、股权投资和风险投资的金额高达

1079亿元，文化企业的IPO融资和已上市公司的定向增发融资达924亿元，新三板挂牌企业融资规模为146.76亿元，此外还有以信托、众筹等方式进行的融资。2016年上半年，文化产业领域获得投资的企业数量为443家，达到了所有产业股权投资数量的1/3。以上数据表明，文化产业已经引起资本的关注，涵盖教育、影视、时尚、文化旅游等诸多方面，其中部分企业已经与资本方对接，完成融资。

此外，文化产业的发展要加强对亚洲基础设施投资银行和丝路基金的研究和宣传，在对外投资和项目贷款中增加人民币产品，提高人民币在丝绸之路经济带基础设施建设中的参与程度。亚洲基础设施投资银行成立的宗旨是促进亚洲区域的建设互联互通化和经济一体化的进程，并加强中国与亚洲其他国家和地区的合作，是首个由中国倡议设立的多边金融机构，总部设在北京，资本达1000亿美元。截至2018年12月19日，亚洲基础设施投资银行有93个正式成员。丝路基金将为共建"一带一路"国家的基础设施建设、资源开发、产业合作等有关项目提供投融资支持。政府应鼓励银行金融业加大对丝绸之路经济带文化产业项目的信贷支持力度，激励银行金融业为文化企业提供境外项目贷款、融资租赁、投资风险管理等金融支持。

4.4.2 重视文化产业与保险行业的融合

根据《关于金融支持文化产业振兴和发展繁荣的指导意见》（银发〔2010〕94号），各保险机构应根据文化企业的特点，积极开发适合文化企业需要的保险产品，探索开展信用保险业务，进一步加强和完善针对文化出口企业的保险服务，积极提供出口信用保险服务。各保险机构应在现有保险产品的基础上，探索开展知识产权侵权险，演艺、会展、动漫、游戏、各类出版物的印刷、复制、发行和广播影视产品完工险、损失险，团体意外伤害保险等适合文化企业特点和需要的新型险种和各种保险业务。

4.5 借鉴发达省区市文化产业发展的经验

4.5.1 借鉴台湾"华山1914文化创意产业园区"的经验

文化产业化的目标是将文化与艺术活动本身及其产品作为地方产业来发展，或运用原有和新开发的文化艺术活动和产品，促成以文化艺术来进行地方相关经济活动。台湾"华山1914文化创意产业园区"（以下简称"华山文创园"）所提倡的是用心经营时间、经营空间、经营创意、经营故事，并用心铸造文化品牌，此举也获得了良好的效果。华山文创园通过多种渠道创造经济效益，其中重要的商业模式是效益等于空间乘以时间，空间是一个有限的面积，而时间的效率通过活动的频率和活动的种类得以体现。华山文创园的集聚效应体现为产业的集聚、文化的集聚以及创意阶层的集聚，这三者的融合带动了文创园区的生机和活力。华山文创园的经验体现在：会展演出的灵活吸引了大量客户；文创体验与橱窗展示带动了城市创意经济；实体商业空间在电商时代出路的多元化；公私伙伴关系的闲置空间得以活化；在实践中辩证文化创意的观念和政策。

4.5.2 借鉴北京和上海文化产业的经验

（一）政策的扶持营造了良好的北京市文化产业发展环境

北京市文化产业历经了诸多发展阶段。2005年12月26日中共北京市委九届十一次全会上，北京市委书记所做的工作报告中，在"大力发展优势产业，积极培育首都经济新的增长点"主题下，正式提出"要着力抓好文化创意产业的发展"的任务。

2006年1月15日，北京市市长在北京市十二届人大四次会议上，提出"文化创意产业"是北京未来的工作要点。发展文化创意产业的内容写入北京市五年规划中。2006年3月24日，北京市文化创意产业领导小组正式成立。

2006年4月14日,北京市委书记在北京市委市政府理论学习中心组的学习会上,强调以发展创意产业为新引擎推动产业升级。2006年6月北京市下发的《关于深化北京市文化体制改革的实施方案》和2006年8月《北京市"十一五"时期文化创意产业发展规划》提出以结构调整、产业升级、优化创新为重点,大力发展文化创意产业的工作任务。2006年11月8日,北京市通过媒体发布《北京市促进文化创意产业发展的若干政策》,重点实施两大专项资金扶持首都文化创意产业。同时颁布《北京市文化创意产业投资指导目录》,对鼓励、允许、限制、禁止投资的项目提出了具体的说明和要求。2006年12月,北京市发展和改革委员会正式认定文化创意产业集聚区和重点文化创意企业。

2008年北京奥运会、2010年上海世界博览会,促使中国文化产业大跨步发展,通过文化创意将中国文化传播到世界。

2017年12月,北京市印发《关于保护利用老旧厂房拓展文化空间的指导意见》。2018年上半年,北京继续发挥在文化产业领域的优势,进一步强化自身在全国的示范带动作用。1月,中国银监会北京监管局、北京市国有文化资产监督管理办公室发布《关于促进首都文化金融发展的意见》。6月,《关于加快市级文化创意产业示范园区建设发展的意见》《北京市文化创意产业园区认定及规范管理办法(试行)》的出台,使北京文化创意产业园区的进一步升级发展有了明确的方向。除此之外,《北京市人民政府关于进一步加强文物工作的实施意见》《北京市人民政府关于扩大对外开放提高利用外资水平的意见》等一系列文件的出台为北京文化产业的发展营造了一个良好的环境。

(二) 上海自贸区的优惠政策和产业政策带动了文化产业的整体提升

2018年5月,上海市经济和信息化委员会等多个政府部门联合印发了《促进上海创意与设计产业发展的实施办法》,文件进一步推动了上海市创意与设计产业发展,并在建设卓越全球城市和社会主义现代化国际大都市中发挥了重要作用。

上海文化产业集约化经营走的是政府推动、因地制宜、最大优先调动本地资源的发展道路。为实现文化投资主体多元化，突破发展文化产业过度依赖国有资本的困境，在交涉大型企业集团的基础上，应积极扩大市场准入的范围，在政策上允许和鼓励集体、个人申请办理各种咨询、策划、设计、创作、服务、代理、科技研发、节目制作型的中小文化企业，引导社会资金投入文化产业，促进文化贸易的自由化。

（三）北京和上海文化产业发展的策略分析

北京和上海文化产业发展体现出以下特点：文化产业市值和居民文化消费水平逐步提高；扶持文化产业骨干集团，形成多个大型文化企业，形成能进行跨地区、跨国界、参与国际文化市场竞争的企业集团；进一步优化文化产业结构，实现产业升级；参考世界贸易组织与欧盟的法规政策，加速制定保障和扶持民族文化和文化产业发展的法规政策；制定文化产业的投融资和准入政策，促进文化产业法规体系与政策的进一步完善。

北京和上海发展文化产业提供给丝绸之路经济带沿线省区市的经验：在经济转型的过程中，以体制改革为突破口，从传统的文化体制中培育能够面向市场、自负盈亏的产业化企业主体；引进国际资本，将本地区本民族独特的文化资源整合，提高国际市场的竞争力，从而形成新的产业优势；推动资源的优化配置，建设文化产业大集团。为了应对文化产业面临的资源竞争，应发挥政府推动市场导向的主力作用，调动和整合社会资源，打造跨行业联盟，比如推动本地的广播、电视、新闻、出版、娱乐、展览、电影、演出等产业建成有支柱性作用的大型企业集团，形成多元中心、互相依赖、多种结构、跨国经营、灵活的现代经营模式，进而提高文化资源的利用率，强化市场竞争力。

5 丝绸之路经济带文化产业安全预警机制的构建

5.1 丝绸之路经济带文化产业安全面临的主要问题

在40多年的改革开放过程中，中国作为发展中国家，有效承接了发达国家的产业转移，进入以转型升级带动经济持续发展的阶段，并逐步从全球价值链的低端向中高端攀升。自我国政府提出西部大开发战略以来，产业转移与优化调整自身结构、建立现代产业体系已成为产业发展的重要目标。"一带一路"倡议提出后，随着中国不断扩大海外投资，国际区域合作深入开展，产业调整和转移更加受到重视，在这一过程中，文化产业发挥着积极的作用，但同时文化产业安全也面临着诸多问题。

5.1.1 国内区域文化产业发展有待协调

"一带一路"国内省区市主要涉及陕西、甘肃、宁夏、云南、广西、新疆、四川等，基本涵盖我国经济相对薄弱的西部地区。我国东西部区域发展不平衡的现状长期存在，"一带一路"倡议的实施为促进我国产业转移提供了推动力。西部地区通过吸引东部地区的各类产业，充分利用人才、资本、技术和管理经验，淘汰落后产业，大力发展适应本地区的特色经济，推动产业结构调整，实现优化升级，逐步缩小与东部地区的差距，形成国民经济发展新的增长点。

"一带一路"倡议提出后，随着中国不断扩大海外投资，国际区域合作深入开展，产业调整和转移更加受到重视。丝绸之路经济带沿线省区市与东部、南部省区市的产业转移是中国国内区域经济协调发展的需要。

在"一带一路"倡议的背景下，可通过共建国家承接中国产业转移缩小我国中西部与东部的区域差距，优化产业空间分布，密切区域分工合作，进而促进区域协调发展。共建"一带一路"国家与我国各省区市特别是中西部地区经济联系密切，产业联动效应和集聚效应较为明显，在不同规模、层次和覆盖面等方面的区域合作将逐步密切。区域合作不应局限于商品贸易，在资金、技术、人才、信息等领域应开展更深层次的合作。

5.1.2 文化产业链需要不断完善

我国文化产业尚未形成较为完备、高效的产业链条，文化产业的各个环节仍然存在割裂、断层、不成体系的现象；文化企业缺乏分工合作、协调和资源共享的意识，未能发挥丝绸之路经济带文化产业链的影响力和带动力。比如好莱坞电影，在电影本身制作成本很高的状况下，电影不赚钱，但是在广告、服装、游戏、网络传播权等方面借助电影的影响力仍然可以赢利，这说明其产业链相对成熟。我国电影产业在链条不完备的情况下，虽然有票房收入但市场难以获得较多利润。全链条的产业运营方式意味着文化产品的经济价值得以深度开发，成功的电影产品可以制作成网络剧、动漫、广告等一系列衍生品，随之提高文化企业的生产效率和利润。

我国的文化产业长期处于世界文化产业链的中下游，利用科技手段开发文化资源的经验不足，能力有待提升，这在一定程度上降低了文化资源的利用率。同时，输入国外的文化产品多于输出的文化产品时会造成贸易逆差。

5.1.3　文化产业管理体制有待健全

丝绸之路经济带文化产业的管理在不同地区仍存在政府企业权责不明晰、管理部门多头管理的问题，知识产权、文化旅游、广播电视出版、工商执法、税务等部门缺少联动。2018年，文化和旅游部、国家广播电视总局的成立体现出国家对文化产业的重视。

以国家安全法为依据，从法律安全的角度实施，不同行业的标准和尺度不同。比如在出版行业，图书审读的标准、出版社编辑的审定如何把握等问题缺乏明确标准。因缺乏监管，有些国家公职人员滥用职权，随意解读文化政策造成恶劣影响，因此，文化管理部门反腐力度也不应减弱。

5.1.4　文化创意的核心竞争力有待提高

文化创意是企业发展的动力。我国丝绸之路经济带沿线省区市具有丰富的历史文化资源，如何将资源优势转化为产业优势，如何培育和挖掘文化产业精英人才都是亟待解决的问题。丝绸之路经济带文化企业虽门类较多，但以中小企业为主，除少数国有大型文化企业外，还没有形成一批在国内外有影响力的大型文化企业集团。有些文化产品只是对原有文化原型的简单复制，缺少创新，难以在激烈的市场竞争中立于不败之地。

就全球文化市场而言，从亚太总裁协会2012年公布的国际文化产业企业排名统计数据来看，全球文化产业排名前三十的企业，中国无一家入围，美国15家，日本2家，法国2家等。在文化贸易全球化的背景下，应将本国的文化资源或者别国的文化资源加工成可以开放的产品。但丝绸之路经济带沿线省区市许多的文化资源尚未得到有效开发利用，龙头文化企业在规模化和集约化方面与国际著名文化企业集团还存在差距。

5.2　丝绸之路经济带文化产业安全的内涵和评价体系的构建原则

5.2.1　文化产业安全的内涵

（一）文化产业的核心在于维护国家安全

我们生活在一个多极化的世界里，文化的交流是相互的，各个国家和地区以不同的方式感受着文化的影响。人们在特定的空间和时间里，对外部或外来的挑战、机遇会做出积极的、创造性的应对或被动的适应，并以这种思路处理地区模式的多样性和差别化。

"一带一路"倡议促进了中国和共建国家的文化交流。中国与共建国家创造了良好的文化和政治空间，这为文化的多样性和文化产品的多样性提供了实现的可能。没有任何一种文化是与世隔绝、独立存在的，每一种文化都会或多或少地受到其他文化的影响，并对其他文化产生影响。

任何国家都存在文化领域内外部矛盾的问题。如何让国内民众对本国的文化保持自信和自豪感，如何使他国对本国的文化认同、接受和信服，进而心悦诚服，是一个国家面临的重要问题。就发展中国家和发达国家而言，彼此之间的偏见越深，越不利于文化的多元化。

中国作为新兴大国，容易遭到别的国家文化的冲击，我们应有充分的准备。我国"一带一路"倡议中所提出的民心相通是"一带一路"建设的社会根基，提倡各国传承和弘扬丝绸之路友好合作精神，广泛开展文化交流、学术往来、人才交流合作、媒体合作、志愿者服务等活动，为深化双多边合作奠定坚实的民意基础。这也是对那些对我国文化存有偏见的国家和人士的有力回击。

对一个国家而言，国家安全不仅意味着领土的安全，还需要有必要的技巧以与邻国、国际社会等进行协商。当一个民族、国家处在和平发展的阶段，文化的创造性和多样性体现出该民族、国家较好地处理了权利、平等以及特定的文化价值等诸多问题。

文化虽然存在差异性，但文化产业安全的核心是以本国的国家利益为根本。一个国家意识形态的安全度和该国文化产业竞争力的高低是相辅相成的。通常，文化产业实力越强，国家意识形态安全系数越高；文化产业实力越弱，国家意识形态安全系数越低。文化产业安全是关系国家安全的重要组成部分，文化产业安全的内涵就是以国家利益为核心利益。

（二）文化产业的属性决定了它与国家安全息息相关

文化产业本身所具备的社会属性和经济属性，决定了它的发展既关乎国家文化安全，也涉及国民经济发展。在文化领域，现代国家的一个主要任务是文化整合。现代国家的建构过程需要统一整合的文化体系，将国家、民族共同的神话、技艺、民族英雄、重大事件、历史遗迹等交织于国民的意识中，将地方性差距逐步缩小。印刷出版业特别是电影、电视、互联网业的迅猛发展，逐步成为一个国家文化产业发展的重要部分。随着国际文化市场的扩张，文化资本快速流动，这对任何一个国家来说都是挑战。文化产业的发展离不开国家主权这一根本基石。

从社会学的角度讨论文化产业与现代化的关系，特别是以国家和社会消费为主线，文化产业涉及国家、地区、全球化等层面的问题。随着全球化趋势的发展，全球性的消费体系对于国家继承发展原有文化体系，构成了威胁。某些阶层、某些专业领域的工作环境、行为方式、生活习性等，已经跨越国界而在世界范围内形成聚合或融通。此外，本国内地方性或非主流文化群体，在与主流文化群体碰撞过程中，也通常会策略性地表现出抗拒。

文化产业的另一个特点是能通过内容传播影响或引导受众的文化消费习惯。例如，广播、电视、电影等通过创造一些诙谐幽默、暴力刺激、惊悚恐怖等内容，吸引民众主动花费时间欣赏，购买相关文化产品。这在一定程度上表明，文化产品能够削弱民众选择的意向，默许传播者的传播内容。

社会消费通过广告业、电影工业、时尚美容业、出版业等促成新的文化品位、消费趋势、体验与兴趣等，并会形成持续发展的消费文化。一些非主流意识形态在一定程度上的存在对国家安全不会构成威胁，但是，如果在文化内容、政策导向等方面不加限制或约束，文化产业对意识形态安全的负效应就会显现，因此，国家在文化产业领域中应起主导作用。

根据联合国教科文组织《世界文化报告》，将全球伦理的抽象概念转化为可测量的种种态度，会发现文化和伦理之间存在复杂的关系。文化产业的发展离不开伦理学的判定，为了保障国家文化产业健康有序的发展，文化产业发展应遵循社会伦理道德、社会主流价值体系的判断标准，提倡积极健康的社会观念，摒弃愚昧、低俗及反社会、反人类的错误观念。

在我国，文化产业安全有序的发展离不开政府对文化产业结构的调整与内容的塑造。其中涉及如何有效地保障媒体对社会主义核心价值体系的宣传，如何将文化与创意有效地商品化，如何避免文化创意被经济利益吞噬所带来的低俗化、暴力化，如何避免文化消费者逃避现实生活的问题，市场如何有效积极地引导文化的生产，如何避免文化产业结构中寡头媒体企业的不良影响，等等。

不论在何种社会制度下，文化不可能绝对自由地生产，文化产业也离不开市场需求与利润追求，文化产业更不可能离开社会制度的制约。

5.2.2 文化产业安全评价体系的构建原则

1. 科学性与综合性相结合

文化产业安全评价体系应客观全面反映文化资源、文化资本和商业模式等要素的运作状况。为了增强评价结果的真实性,文化产业安全评价体系应该体现科学性和综合性。首先,评价体系应能够科学合理地体现文化产业安全的要求;其次,在评价体系的构建中还需要考虑数据的普遍性和独特性,确保评价体系能够更加全面地反映文化产业安全的现实状况。

2. 定性指标与定量指标相结合

定性分析法侧重于产业质的规定性,尤其侧重于产业基础理论方面的研究;定量分析法可以使我们运用文化产业数据对产业的竞争力、对外依存度、利润水平、资源分布等要素进行数量分析,为构建更具中国特色的文化产业提供条件。

文化产业安全评价体系需要结合定量分析与定性研究,以便深入全面地探讨产业安全形势的发展和变化。文化产业安全评价体系要使大数据的采集更为便利,易于量化分析,易于比较和理解,而且指标体系尽可能使观测值准确量化出来;对于难以量化的指标,则要通过定性指标来加以描述,通过定性指标进行补充说明。

3. 短期性与长期性相结合

文化产业安全形势会受到国内外政治形势和经济环境的影响,从长期来看,文化产业安全形势与产业自身的核心竞争力密切相关。如中国获得2022年冬季奥运会举办权之后,中国冰雪事业快速发展,大量的外资企业在中国布局冰雪市场,中国的企业如果不能紧跟发展的步伐,不断升级技术,扩大市场,将无法与外资企业抗衡。文化产业安全评价指标必须结合短期目标和长期目标,选取短期指标来随时把握产业安全形势的动态变化,根据长期指标来调整文化产业安全形势的战略步伐。

5.3 丝绸之路经济带文化产业安全评价的特点

结合产业安全理论和产业经济学理论，参考已有评价体系，文化产业安全评价应从不同角度和层次选取考察因素，进而使逻辑关系更加清晰，对问题的分析更加全面。

1. 文化产业安全评价应具有多层次的特点

文化产业安全是以产业安全为研究对象，可以从国家和企业两个层面展开。从国家层面来讲，产业安全的评价应涵盖本国文化产业发展的基本情况、外国企业投资文化产业的状况、本国文化产业的世界占有率、文化产品的国内市场占有率、国际文化资本对本国文化产业可能造成的潜在威胁等；就企业层面来讲，主要涉及核心技术的提升、知识产权的保护、产品的竞争力等方面。

2. 文化产业安全评价应具有动态性的特点

文化产业安全评价应该考虑到产业形成、成长、成熟和衰退的生命周期的变化，需要从不同角度选取要素作为指标，并依据文化产业发展趋势前瞻性地选取评价指标。比如国家文化投资、融资优惠政策的出台引起的文化资本的流动；由于人工智能技术和 5G 技术的逐步推广，文化产业与科技的融合而促成的文化企业竞争的加剧等。

此外，文化产业安全评价的动态性还体现在对可能危及文化产业安全的文化要素和文化资本力量进行无间断检测，并实时地进行动态分析，评估文化产业安全级别，以便国家能够及时、准确地预知潜在的危险并做好相应的预防和戒备。

5.4 丝绸之路经济带文化产业安全度提升的政策建议

5.4.1 坚持社会主义核心价值体系的指导

文化产业的发展正如一把双刃剑，符合社会主流意识形态的文化产业对于意识形态安全的维护产生正向效应，反之则产生负向效应。从社会历史的角度看，主流意识形态构成了国家文化的核心，决定着国家文化产业发展的方向。作为社会主义国家，我国政府倡导坚持以社会主义核心价值体系为指导发展文化产业。

习近平总书记在2013年8月全国宣传思想工作会议上讲到"意识形态工作是党的一项极端重要的工作"。意识形态工作关系党的前途和命运，关系国家的长治久安，关系民族的凝聚力和向心力，要用主流思想舆论占领意识形态阵地。历史经验告诉我们，一个政权的瓦解通常是从意识形态领域开始的，意识形态这个防线守不住，守不牢固，其他一切都守不住。所以应把意识形态的领导权、管理权、话语权自始至终牢牢掌握在自己手中，否则就会造成严重的历史错误。因此，习近平总书记将意识形态安全问题提到中华文化核心这样一个非常重要的高度。在学界，意识形态问题也一直备受关注，将文化产业与意识形态建设相结合的论述，在相关的文化产业研究著作和论文中较为常见。胡惠林在《文化产业发展的中国道路》（2004）中提出"文化产业已经成为一种意识形态"。

发展文化产业应弘扬社会主义主旋律，以社会主义核心价值体系为指导。我国发展文化产业、推进文化产品"走出去"战略同样可以融入社会主义核心价值观，宣扬英雄主义、爱国主义和社会责任感，关键是找准切入口和契合点，适应国外文化消费的特点；在观念、思路、方法上进行创新，否则文化产品不会受到广泛的欢迎；做好协调发展，包括产业内部要协调，各个产业部门之间要协调，高扬社会主义主旋律；发展科技含量高、资源消耗低、环境污染小的绿色产业。文化产业就属于绿色经济产业，它应当是健康的，给人以正能量的，有利于社会和谐发展，体现社会共赢的理念。

就文化产业安全而言，对内和对外讲求"信"和"服"。就国内而言，让民众能够在文化产业大发展的背景下，保持对本国和本民族的文化自信，乐于消费本国的文化产品；对外则是在文化产业国际竞争中，能保持强有力的竞争性。

丝绸之路经济带文化产业的发展，必然使丝绸之路经济带沿线省区市接触到跨文化领域的因素，以及感受到全球市场的影响。在此过程中，文化多元化正逐步成为各个社会普遍的特征。保持民族特征是应对全球化压力的正常反应，保持本地区和本民族的文化特色也尤为重要。丝绸之路经济带文化产业在国际文化交流的过程中，应积极利用世界贸易组织和各类国际文化平台，增加中国文化产品进入发达国家文化市场的概率。

5.4.2 建立具有本民族特色的文化产业模式

我国历史文化悠久，少数民族众多，自然资源丰富，文化具有民族特色，特别是丝绸之路经济带沿线省区市丰富的文化资源为文化产业深入发展提供了源泉。

按照资源学派的观点，资源是一个企业所拥有的资产和能力的综合。企业拥有独具特色的资源就占据了竞争优势，而这种资源若具有不可复制性和不可替代性，那么就具备了可持续发展性，在竞争中也会越占有优势。我国丝绸之路经济带沿线省区市文化资源丰富，若能被有效保护、开发和利用，必将会促进中国文化产业发展的整体进程，进而在文化产业的竞争中占有优势地位。例如，宁夏以国际清真食品穆斯林用品交易会、民族医药博览会等大型活动为平台促进中阿合作；青海以藏毯国际展览会、国际清真食品及用品展览会等为平台促进文化企业加强对外交流和合作。

文化旅游方面着力发展具有地方和民族特色的文化创意、数字出版、动漫游戏等文化产业基地。在资金方面，鼓励多元资本进入旅游市场，推进旅游配套服务，重点打造丝绸之路、青藏铁路沿线等旅游带，推进敦煌国际文化旅游名城和国际旅游港的建设。中共中央办公厅、国务院办公厅印发的《关于实施中华优秀传统文化传承发展工程的意见》提倡大力发展文化旅游，充分利用历史文化资源优势，规划设计推出一批以中华优秀传统文化、少数民族文化为主题的旅游线路，引导游客在文化旅游中感知优秀的传统文化。

丝绸之路经济带文化产业发展也要根据国家建立准确权威、开放共享的中华文化资源公共数据平台，完善非物质文化遗产的要求，建立丝绸之路经济带文化产业数据平台，实现共建"一带一路"国家和地区对文化资源的开放获取和共享。

5.4.3 鼓励文化产品参与国际市场的竞争

文化产业安全观念强调的是文化产业的国际竞争力，体现为一个主权国家对国内文化产业的控制能力，以及该国文化产业抵御外部干扰和威胁的能力。

根据统计，在现有的文化贸易中，加入创意元素的视觉设计、雕塑、工艺品、以黄金为材料的首饰等产品的交易量较高。在实施"一带一路"倡议的过程中，文化产业"走出去"是社会发展的必然趋势。在基础设施方面，高铁已经修到了共建"一带一路"许多国家和地区，那么文化企业理应关注这些国家的消费者所需的文化产品是什么。例如他们感兴趣的文学作品、影视作品是什么类型，文化投资的热点是什么，中国制造的文化产品有何创新，关注新的需求变化探寻新的经济增长点。

文化企业"走出去"需要关注以下几个方面：培养国际语言人才，特别是小语种非通用语言人才；学习国际惯例，尊重国际惯例，文化企业在谈判过程中不卑不亢，维护自己的经济利益；重视民营企业的发展潜力，关注非公有制经济投资，非公有制经济投资的文化产品在其质量保证的前提下更容易被接受，在打造重要的国企的同时，更要重视有发展潜力的私营企业。

在参与国际竞争的过程中，文化企业特别是影视业、出版业、动漫业等产业应增强知识产权保护意识以保护自身文化权利。文化权利是一个内涵广泛和复杂的概念。《世界人权宣言》第27条和《经济、社会及文化权利国际公约》第15条论及：人们享有参与文化生活的权利；享受科学进步和应用所惠及的权利；任何人的科学、文学或艺术作品所获得的精神和物质的利益，有受到保护的权利。此外，实施严格的知识产权保护制度，在有条件的地方推进知识产权综合改革试点，实行以增加知识价值为导向的分配政策，促进文化产业相关科技成果转化。政府应完善知识产权保护体系，进一步增强对文化产品和品牌的保护，实施创作、开发、生产全过程的知识产权保护，建立以知识产权保护为核心的文化市场法律法规，为文化产业健康发展营造良好的法治环境。

在文化软实力达到一定程度的情况下，越发展文化硬实力越有危险。在宏观层面，由于"一带一路"倡议的实施，相关国家对"一带一路"倡议十分警惕，随时关注其实施的进程；在微观层面，中国文化企业在"走出去"的过程中，出现了一些具体的问题，甚至出现被抵制的情况。

改革开放取得的成就已经证明，不发展的文化是不安全的，不开放的文化也是不安全的。文化发展的战略是走开放和创新的道路，文化产业也需要与国际接轨。

5.4.4 重视国外大众文化对我国文化产业的冲击

随着文化产业的不断发展，中国国内要重视两类群体的崛起。第一是中等收入阶层的崛起。随着中等收入阶层人数的逐年增加，中国消费能力也与日俱增。比如电影产业，中国电影市场在世界电影市场中占有一席之地，好莱坞电影中加入越来越多的中国元素，以迎合中国人的消费文化；好莱坞电影中用中国演员、植入中国产品的广告。

比如饮食文化，肯德基餐厅也开始经营放心油条、宫保鸡丁盖饭等独具中国文化元素的饮食。这体现出我国综合国力增强后，民众的文化消费能力提升，中国文化元素也得以传播。第二是应关注 90 后群体。90 后群体的消费，与前几代人的消费相比发生了结构性变化。他们视野开阔，对流行文化的接受力较强，比较容易受到外来流行文化的影响和冲击。在文化信息的获取方面，公共文化机关应发挥主观能动性；公众在文化信息的传播和获取过程中要加以甄别，应有监督和举报、衡量和评价的权利，机关的裁量和公众的包容之间弹性空间要适度。因此，在加强文化市场监管的同时，更需要全民参与和社会各方面的支持，自觉抵制危害社会道德、威胁国家安全的文化意识形态，主动弘扬社会主义先进文化。完善文化产业安全体系既能保护本国优秀的传统文化，使其得以继承和发扬；又能抵御不良文化因素的入侵，甚至对防止文化和平演变都起到特殊作用。

政府部门和文化企业在文化传播过程中不能冒进，否则容易让他国产生抵触情绪，要换位思考，应以本国优秀的文化吸引他国主动来学习。中国经济高速发展为文化软实力的提升奠定了基础。丝绸之路经济带沿线的文化企业应积极弘扬中国传统文化，建立文化产品自信，克服崇洋媚外的心理。在文化产品传播渠道和传播内容上有自我的话语权和主动权，才能建立起中国文化和文化产业的自信。

5.4.5 完善和健全文化产业政策

国家的文化和旅游部、工业和信息化部、财政部等相关职能部门应依据我国和世界文化产业的现状，制定相关文化产业政策。文化政策的主旨在于把握方向，促进文化传播和艺术创造，促进文化产业发展。

文化政策和经济政策密切相关。文化产业以一种创造性的艺术为中心，并向外拓展到旅游、新媒体、影视广播、出版等领域。文化产业要顺应市场的发展，但若过度追求经济效益，其商业价值容易被美学价值取代；若文化产品的商业价值体现得充分，将有利于文化产业的扩大再生产。

文化产业的发展既应重视有形文化遗产的保护，也应注重无形文化遗产的保护和利用。在许多时候，国家的凝聚力可以通过对民众进行系统的文化教育来增强。此外，还有文化产品的制作技艺、文学表达方式、传统节日庆典形式等，这些非物质文化遗产对文化产业的发展起到了日益重要的促进作用。正如熊澄宇教授等在《中国文化产业政策研究》中所阐释的："任何一种文化政策设计如果脱离一个国家的文化本体和社会现实，将是不切实际的，也可能失去自身民族的独特文化基因和品行。"

总之，各个国家和地区都面临着经济全球化对文化政策的挑战，凡是对全球文化产业的趋势带有狭隘眼光或者坚决抵制者，都将对本国文化产业的良性发展带来负面影响。伴随着丝绸之路经济带文化产业安全重要性的提升，我国应加强与丝绸之路经济带共建国家和地区在政治、经济、人文、宗教等领域的研究合作，加强国际法律政策的研究，为开展国际教育、发展旅游业等提供可靠的政策支持。

5.4.6　积极适应产业转移的需要

在"十三五"规划中，我国政府提出西部地区要大力发展绿色农产品加工、文化旅游等特色优势产业，更好地发挥"一带一路"建设对西部大开发的带动作用。丝绸之路经济带沿线省区市应加快内陆开放型经济高地建设和产业转型升级发展，承接国内外产业转移。中国企业在参与产能合作、促进我国产业实现产业对接过程中，应着力提高自身国际竞争力，从海外战略布局到谈判技巧、知识产权保护，再到公司运营、人才管理、危机公关等，积极应对国际产业格局的新变化，不断提升品牌影响力、企业运营能力、自主研发能力和核心竞争力。在我国产业调整过程中，实现良性对接，将中国优势产业和先进技术转移到周边国家，这一方面可以提升产能输入国的工业化水平，增加其劳动就业率，提高当地居民收入；另一方面可以促进区域经济一体化建设，为中国经济发展创造良好的外部环境。

丝绸之路经济带沿线省区市文化产业的转型升级，应致力于从以数量取胜的低端劳动密集型产业升级为以品质取胜、以服务取胜的高端文化产业。转型升级的阶段要将市场需求作为资源配置的主要参考要素。在经济形势不好的环境下，文化企业应做到未雨绸缪，合理调配人力、财务等资源，完善自身经济构架，做好战略规划才是明智之举；在经济形势较好的环境下，文化企业应充分利用自身优势，扩大市场占有份额，提升品牌价值。同时，文化企业应明确，不是每次机会都要抓住，要善于思考，进行逆向思维，把握市场差异性。

丝绸之路经济带沿线省区市文化企业的负责人，应多观察、多思考，将企业放在世界经济发展的背景下规划，不断地思考和变革，在思考问题的深度、广度和角度方面应与众不同。不论经济形势好坏，文化企业都应夯实企业体系的基础，完善企业制度，把握发展机遇。

5.4.7　构建文化产业安全预警机制

丝绸之路经济带文化产业的发展离不开文化产业安全预警机制的构建，文化产业安全预警机制的构建可以让国家实时了解和掌握我国文化产业安全状况。一旦越过了文化产业的安全线，则需要采取必要的措施进行干预，防范文化产业的发展偏离正常轨道，防止文化安全危机的爆发，进而维护意识形态的安全。通过文化产业战略研究，构建文化产业顶层设计，确保我国的文化安全。维护国家利益是文化产业安全体系的根本目标。

文化产业安全预警机制要以文化产业相关法律为依据。法律制度的健全要紧跟文化产业快速发展的趋势，建立健全文化产业发展的法律体系。同时，随着国际交流与合作的推进，按照国际通行的规则制定相关法律规章，履行加入国际公约应尽的义务。

十二届全国人大常委会对加强文化立法做出了重要的部署。在立法规划中，《公共文化服务保障法》、《文化产业促进法》、《电影产业促进法》和《公共图书馆法》，还有《文物保护法》、《著作权法》修订等都列入了立法计划。《公共文化服务保障法》是公共文化领域里的一个最重要的基础性法律。2014年党的十八届四中全会明确提出了《文化产业促进法》这一重要的法律，旨在把行之有效的文化经济政策法定化，健全促进社会效益和经济效益有机统一的制度规范。2015年9月6日，文化部牵头在北京召开《文化产业促进法》起草工作会，正式启动《文化产业促进法》起草工作。文化部起头起草形成了《文化产业促进法（草案）》征求意见稿，2017年形成较为成熟的草案。经过国务院、各级部委机构的多次审议、修改，在2018年3月11日十三届全国人大一次会议第三次全体会议上，《文化产业促进法》才正式列入立法规划。这在一定程度上意味着《文化产业促进法》将于5年内出台。文化产业的立法需要多部门、多领域协同合作，其出台必经多方的论证。

2015年7月公布实施的《中华人民共和国国家安全法》，进一步强调了文化安全的重要性，为文化产业的健康有序发展提供了法律依据。其中第二章阐述了维护国家安全的任务，第二十三条提出，国家坚持社会主义先进文化前进方向，继承和弘扬中华民族优秀传统文化，培育和实践社会主义核心价值观，防范和抵制不良文化的影响，掌握意识形态领域主导权，增强文化整体实力和竞争力。第二十四条提出增强自主创新能力，加强知识产权保护的运用，为科技和经济安全提供法律保障。第二十五条关于网络安全，对以互联网为媒介的文化传播行为提出了规范，也进一步规范了互联网文化产业准则发展。

文化产业安全具有特殊性。从系统论和管理学的角度讲，文化产业安全相应的环节应包括信息的收集和反馈,包括正面和负面的信息;产业决策与规划;预警级别等环节。整个评价体系包括了信息加工子系统、决策子系统和警报子系统。文化安全预警系统的建立首先是对文化风险预警的对象、类型进行分析,可以是对一个文化事件的预警;对公共部门所发表的一个重大历史事件观点的预警;对产生的文化思潮的预警;对衍生文化的预警,如对核心价值观、意识形态领域的冲击的预警;对自媒体或者微博大V等相对独立的评论引发的文化评论预警等。

文化安全预警机制的要素和内核,以先期审查为原则,以风险管理为目的,理念和制度的设置要合理。文化产业安全预警机制既能保障民众的文化权利,又可以对文化企业的经营进行规范和引导。通过预警监测,对符合国家文化利益、有助于文化产业发展的予以支持,对违背国家文化利益、侵害公民文化权益的予以严厉打击和取缔。

文化产业安全预警机制的构建要重视金融领域,重视私募投资基金对文化产业的影响。不论是通过人民币或外币直接投资的方式,同行业一家或多家同时收购,还是生产经营过程中密切相关的公司之间的收购等,政府部门和监管部门都应实时追踪。强化金融监管沟通与协调,推动货币结算、反洗钱、反腐、维护区域金融安全等领域的合作。在保险领域,丝绸之路经济带文化产业应充分利用商业保险,分担文化企业经营风险。

文化产业安全预警机制构建过程中,互联网安全文化的构建是重要的一环。考虑到互联网文化的影响,相关文化政策的制定,要既能体现互联网空间中公民的权利,也能体现出文化产业正确的导向,避免互联网文化产业成为违法乱纪事件的发源地。此外,利用大数据分析等多种技术,全面和翔实地了解各个国家对丝绸之路经济带文化产业发展的关注和评价,及时根据舆情做出预判,做好针对性的舆论宣传工作。

建立文化产业安全预警系统应从国家和民族的根本利益出发，从我国文化产业发展的实际出发，适度放开文化产业和文化市场经营权，使各国文化金融资本和跨国文化集团在我国宪法和法律允许的范围内从事文化产业的合法经营。同时，提高丝绸之路经济带沿线省区市与周边国家和地区合作处理突发公共文化事件的能力，与有关国家和地区建立应急预警联动机制。总之，各个国家和地区都面临着经济全球化对文化政策的挑战，凡是对全球文化产业的趋势带有狭隘眼光或者坚决抵制者，都将对本国文化产业的发展带来负面影响。完备的文化产业预警机制的建立可以使国家用充足的时间规避风险，运用法律的、行政的、市场的和经济的等文化安全管理手段，对那些可能危及我国文化安全的文化产业予以坚决打击并取缔。这样就可以及时有效地避免潜在的危险和威胁，最大限度地维护社会主义意识形态的安全。但应注意的是，不能让安全限制丝绸之路经济带文化产业的发展趋势，我们倡导的是积极的文化产业安全，不是被动的文化产业安全。

我国的文化产业应秉持开放的态度，拥有开阔的视野和气度，吸引国外优秀的文化作品、有利于中国发展的文化资本进入中国，我们有信心让中国的文化产品走向世界。文化产业参与国际竞争，这对世界各国的发展都有益处，从而达到合作共赢，共享人类发展的成果。

6 主要结论及展望

6.1 主要结论

丝绸之路经济带是一条经贸发展之路，也是文化发展之路。丝绸之路经济带文化产业的发展历程证实了以下结论。

1. 文化产业应坚持走差异化、特色化发展之路

从顶层设计的层面讲，丝绸之路经济带沿线省区市应依据各自的文化特色和产业优势，进行差异化发展，建设以丝绸之路为主题的文化产业基地和文化产业园区，形成特色文化产业集群。

丝绸之路经济带文化产业发展过程中要实施自然资源和人文资源的整合战略，使丝绸之路历史文化遗产资源转变为产业优势。

文化企业要积极发挥文化创意优势，打造一批具有核心竞争力的文化产品和文化品牌，使其充分发挥带动和辐射作用，推动丝绸之路经济带特色文化旅游产业与新型城镇化建设相结合。

2. 文化产业应深化与其他产业的融合

在丝绸之路经济带沿线省区市文化产业和其他产业融合方面，文化企业应积极建立文化技术创新体系，提高自主创新能力，促进文化类科技创新成果的转化以及高新技术的应用，深化文化产业与科技、

教育、体育、旅游、金融等相关产业的融合，建立文化产业发展的长效机制。此外，文化企业需要积极顺应当前"互联网+文化产业"发展的新趋势，助力传统文化产业与互联网的全面对接，探寻新型商业模式，进而带动产业升级。

3. 文化创意人才是文化产业发展的动力

文化创意人才是丝绸之路经济带沿线省区市文化产业发展的重要支撑。国内各省区市应积极出台针对文化产业创意人才特点的普惠性政策，加速文化产业创意人才的集聚；通过政策健全本省人才培养体系，完善人才激励保障机制，营造文化创意人才发展的良好氛围，助力文化产业整体实力的提升。

4. 文化产业的发展助推城市的发展

丝绸之路经济带沿线省区市在打造城市品牌的过程中需要统筹城市文化资源，综合考察城市的人力资源、现有文化产业发展水平、公共文化基础设施的建设状况等因素，积极对接本地文化资源。丝绸之路经济带沿线省区市通过建立城市文化体验中心，发展城市文化旅游，建立文化产业园区，举办大型展览会、博览会、电影节或舞蹈节等方式，优化了城市的产业结构，带动了服务业和制造业的快速发展。

6.2 研究展望

对丝绸之路经济带沿线省区市文化产业发展路径及安全预警机制的研究，还需要在文化产业政策绩效评估以及法治建设等方面加强。

1. 文化产业政策绩效评估

文化产业政策绩效评估是根据文化产业发展的特点，对国有企业改革、电影产业、动漫产业、演艺业、广播电视业和文化产业专项资金等领域的政策进行分析研究，通过数据分析、社会调查、定量和定性研究、专家和民众访谈等方法，构建评估指标和框架，并从企业成长、产业结构调整、社会效益、经济效益等方面考察文化产业政策的实施效用,强化政策执行落实的力度。

2. 文化产业法治建设

文化产业的立法工作是建立在国内文化产业发展水平和经济模式的基础上的。国家和各省区市需要依据文化产业发展的现状加快相关文化产业的立法进程,将《文化产业促进法》、文化市场管理法以及相应产业的特殊管理法规提上立法议程。丝绸之路经济带沿线省区市文化产业的发展同样需要通过法律保障文化政策的制定、执行和监管,明确政府和文化企业的职责和权利,使政府的职能和文化企业的行为能有法可依,并纳入法律监管的范畴。

参考文献

一 著作

白庆祥：《文化产业经营管理案例解读》，中国传媒大学出版社，2015。

程恩富：《文化经济学通论》，上海财经大学出版社，1999。

陈安娜：《互联网企业文化研究》，浙江工商大学出版社，2019。

陈少峰、赵磊、王建平主编《中国互联网文化产业报告（2015）》，华文出版社，2015。

陈少峰、王起、王建平主编《中国文化旅游产业报告（2015）》，华文出版社，2015。

陈少峰、张立波：《文化产业商业模式》，北京大学出版社，2011。

陈忱：《影响中国文化产业发展的重要报告》，群言出版社，2007。

崔瑜：《文化创意产业发展研究——基于文化根植的视角》，经济管理出版社，2019。

董薇、刘吉晨：《文化产业商业模式创新》，中国传媒大学出版社，2015。

范周主编《海峡两岸文化创意产业研究报告（2017）》，知识产权出版社，2017。

范周主编《中国城市文化竞争力研究报告（2017）》，知识产权出版社，2017。

范周：《文化产业论纲》，社会科学文献出版社，2016。

高丙中：《民间文化与公民社会：中国现代历程的文化研究》，北京大学出版社，2008。

国家信息中心"一带一路"大数据中心：《"一带一路"大数据报告（2017）》，商务印书馆，2017。

国家图书馆、中国圆明园学会编《世界遗产视野下的"一带一路"》，商务印书馆，2017。

顾江：《文化遗产经济学》，南京大学出版社，2009。

顾林：《"文化创意+"服饰业融合发展》，知识产权出版社，2019。

郭万超：《文化产业前沿》，经济日报出版社，2019。

方永恒：《文化产业集群演化研究》，科学出版社，2019。

胡惠林：《文化政策学》，清华大学出版社，2015。

胡惠林：《文化经济学》，清华大学出版社，2014。

胡惠林：《中国文化产业发展战略论》，经济科学出版社，2014。

胡惠林：《文化产业发展的中国道路》，上海人民出版社，2004。

皇甫晓涛：《文化领识：人文教育与领识教育的跨文化比较研究》，中国文史出版社，2014。

皇甫晓涛：《城市文化：知识建构与技术模型》，经济科学出版社，2018。

皇甫晓涛：《城市文化与国家治理》，经济科学出版社，2015。

赫斯蒙德夫：《文化产业》，张菲娜译，中国人民大学出版社，2007。

金元浦：《文化创意产业概论》，高等教育出版社，2010。

金元浦：《中国文化概论（精编本）》，中国人民大学出版社，2018。

蓝色智慧研究院：《文创时代：北京市文化创意产业的发展与创新（2006—2015）》，中国经济出版社，2016。

李凤亮主编《文化科技蓝皮书：文化科技创新发展报告（2017）》，

社会科学文献出版社，2017。

李孟刚：《产业结构安全论》，北京交通大学出版社，2015。

李孟刚：《产业安全评价》，北京交通大学出版社，2015。

李孟刚：《产业安全理论研究》，经济科学出版社，2012。

李天铎：《文化创意产业读本：创意管理与文化经济》，台北，远流出版事业股份有限公司，2011。

李锡东：《文化产业的行销与管理》，台北，宇河文化，2009。

李忠民、姚宇：《"丝绸之路"经济带发展研究》，经济科学出版社，2014。

刘吉发、金栋昌等：《文化管理学导论》，中国人民大学出版社，2013。

刘绍坚：《文化产业：国际经验与中国路径》，中国社会科学出版社，2014。

陆大道等：《科学认识"一带一路"》，科学出版社，2017。

刘伟、张辉：《"一带一路"产业与空间协同发展》，北京大学出版社，2017。

李锡东：《文化产业策划实务》，清华大学出版社，2011。

刘以德：《欧洲联盟文化政策之脉络与实践》，台北，台湾大学出版社，2016。

梁学成：《文化旅游产业与城市建设融合发展模式研究》，台北，台湾大学出版社，2016。

廖世璋：《地方文化产业研究》，高雄，巨流图书有限责任公司，2016。

马克斯·霍克海默、西奥多·阿多诺：《启蒙辩证法》，中国社会科学出版社，2019。

郭鉴：《地方文化产业经营》，浙江大学出版社，2007。

韩骏伟、胡晓明：《文化产业概论》，中山大学出版社，2014。

霍尔特·卡梅隆：《文化战略》，汪凯译，商务印书馆，2013。

欧阳友权：《文化产业通论》，人民出版社，2005。

皮埃尔·布厄迪：《资本的形式》，载薛晓源等主编《全球化与文化资本》，社会科学文献出版社，2005。

彼得·弗兰科潘：《丝绸之路：一部全新的世界史》，邵旭东等译，浙江大学出版社，2016。

任保平、马莉莉、师博主编《丝绸之路经济带与新阶段西部大开发》，中国经济出版社，2015。

任宗哲等主编《丝绸之路经济带发展报告（2017）》，社会科学文献出版社，2017。

祁述裕：《中国文化产业发展战略研究》，社会科学文献出版社，2008。

思罗斯比：《经济学与文化》，王志标等译，中国人民大学出版社，2011。

王福生：《丝绸之路经济带研究》，甘肃人民出版社，2013。

王琳：《共同的声音——"一带一路"高端访谈录》，商务印书馆，2017。

王灵桂、赵江林主编《全球视角下的"一带一路"：中外联合研究报告（NO.1）》，社会科学文献出版社，2017。

王欣亮：《区域协调发展研究：要素配置视域下的产业转移分析》，中国社会科学出版社，2018。

王佳煌：《文化研究4.0》，台北，学富文化事业有限公司，2016。

王义桅：《世界是通的——"一带一路"的逻辑》，商务印书馆，2017。

熊澄宇：《世界文化产业研究》，清华大学出版社，2012。

徐照林、朴钟恩、王竞楠编著《"一带一路"建设与全球贸易及文化交流》，东南大学出版社，2016。

向勇：《文化产业导论》，北京大学出版社，2015。

向勇：《全球视野下的产业融合与文化振兴》，金城出版社，2011。

向勇：《全文化产业无形资产价值评估：理论与实务》，北京大学出版社，2016。

谢名家、柯锡奎等：《文化产业的时代审视》，人民出版社，2002。

亚太文化创业产业协会：《两岸文创耀寰宇：两岸42座城市文化创意产业竞争力调查报告》，台北，亚太文化创业产业协会，2013。

杨积堂：《中国文化产业发展政策与法规参考》，法律出版社，2014。

杨闵文、侯百川：《"文化创意+"动漫游戏融合发展》，知识产权出版社，2019。

姚伟钧：《文化资源学》，清华大学出版社，2015。

姚伟钧等：《从文化资源到文化产业——历史文化资源的保护与开发》，华中师范大学出版社，2012。

叶朗主编《中国文化产业年度发展报告2015》，北京大学出版社，2015。

叶朗主编《中国文化产业年度发展报告2018》，北京大学出版社，2019。

于今：《大国前途——"一带一路"与国家安全》，中央编译出版社，2017。

张文松：《战略管理》，机械工业出版社，2010。

左惠：《文化产品供给论——文化产业发展的经济学分析》，经济科学出版社，2009。

中国社会科学院拉丁美洲研究所：《"一带一路"合作空间拓展：中拉整体合作新视角》，中国社会科学出版社，2017。

张国祚：《中国文化软实力研究论纲》，社会科学文献出版社，2015。

张国祚主编《中国文化软实力发展报告2014》，北京大学出版社，2014。

张佑林:《区域文化与区域经济发展》,社会科学文献出版社,2007。

张恒龙主编《"一带一路"与中亚的繁荣稳定——"一带一路"与中亚国际论坛论文集》,上海大学出版社,2017。

张京成等:《中外文化创意产业政策研究》,科学出版社,2019。

周德祯主编《文化创业产业理论与实务》,台北,五南图书出版股份有限公司,2011。

赵建国:《中国文化产业国际竞争战略》,清华大学出版社,2013。

赵白鸽、蔡昉、欧晓理主编《"一带一路":新型全球化的新长征》,中国社会科学出版社,2017。

赵富森:《"文化创意+"会展业融合发展》,科学出版社,2019。

臧志鹏:《中国文化产业政府补助研究》,中国社会科学出版社,2019。

周鹏、赵东方:《中国区域经济发展比较研究》,中国经济出版社,2017。

钟腾飞:《"一带一路"建设中的产业转移:对象国和产业的甄别》,社会科学文献出版社,2016。

张晓明:《拓荒者的足迹——中国文化产业改革发展十年路径与政策回顾》,社会科学文献出版社,2013。

张苙云:《文化产业:文化生产的结构分析》,台北,远流出版事业股份有限公司,2000。

二 报刊论文

曹伟:《丝绸之路文化产业战略规划需探讨的几个问题》,《浙江工商大学学报》2015年第3期。

曹云:《丝绸之路经济带具四重战略目标》,《中国社会科学报》2013年第547期。

曹琼:《"一带一路"战略背景下中国产业"走出去"的机遇与路径探讨》,《商》2015年第21期。

陈显军、郑兴波等：《东中西部文化产业发展比较研究》，《改革与战略》2012年第7期。

陈松川、邓世专：《"一带一路"倡议中的议题区域化模式探析》，《亚太经济》2015年第5期。

丁鸿君、沈坤荣：《产业转移促进国土开发空间结构优化机理探析》，《经济理论与实践》2016年第12期。

段琪、薛伟贤：《中国在"一带一路"生产网络中的产业转移模式研究》，《经济问题探索》2017年第3期。

范文祥：《国际产业转移对中国产业结构升级的阶段性影响分析》，《经济地理》2010年第4期。

冯广林、李孟刚：《增强文化软实力：维护文化产业安全的必由之路》，人民政协新闻网，2013年5月14日。

高煜、张雪凯：《政策冲击、产业聚集与产业升级——丝绸之路经济带建设与西部地区承接产业转移研究》，《经济问题》2016年第1期。

顾江：《中国文化产业走出去的原则与策略》，《国家治理》2015年第18期。

郭爱君、毛锦凰：《丝绸之路经济带：优势产业空间差异与产业空间布局战略研究》，《兰州大学学报》2014年第1期。

顾华祥：《论"丝绸之路经济带"视域下的文化交流》，《克拉玛依学刊》2014年第2期。

顾江、郭新茹：《科技创新背景下我国文化产业升级路径选择》，《东岳论丛》2010年第7期。

国家统计局科研所：《世界主要经济体文化产业发展状况及特点》，《调研世界》2014年第10期。

郭朝先、邓雪莹等：《"一带一路"产能合作现状、问题与对策》，《中国发展观察》2016年第6期。

管理要:《"一带一路"思路下经济转型模式的思考》,《企业改革与管理》2014年第12期。

韩东:《影视传媒与消费的力量——论丝绸之路经济带文化产业发展新模式》,《丝绸之路》2014年第18期。

花建:《论文化产业与旅游联动发展的五大模式》,《东岳论丛》2011年第4期。

花建:《"一带一路"战略下增强我国对外文化贸易新优势的思考》,《中共浙江省委党校学报》2015年第4期。

花建:《"一带一路"战略与我国文化产业的空间新布局》,《福建论坛》2015年第6期。

赖茂生、闫慧、叶元龄、李璐:《内容产业与文化产业整合与协同理论和实践研究》,《情报科学》2009年第1期。

胡鞍钢、马伟:《丝绸之路经济带:战略内涵、定位和实现路径》,《新疆师范大学学报》2014年第4期。

胡惠林:《国家文化治理:发展文化产业的新维度》,《学术月刊》2012年第5期。

黄敏:《从西部大开发和"一带一路"看西部地区承接产业转移——基于丝绸之路经济带国内段9省区的分析》,《毛泽东邓小平理论研究》2016年第8期。

金栋昌、吴绒等:《丝绸之路文化产业带上的跨域文化治理:理论与实践的维度》,《经济研究参考》2015年第19期。

刘吉发、袁春潮:《跨域治理与区域协同:丝绸之路文化产业带建设的时代审视》,《人文杂志》2015年第7期。

金元浦:《做好文化顶层设计,转变文化发展方式》,《福建论坛》2011年第10期。

蓝庆新、姜峰:《"一带一路"与以中国为核心的国际价值链体系构建》,《人文杂志》2016年第5期。

黎羌：《论陕西丝绸之路文化资源与文化产业新起点》，《丝绸之路》2014年第22期。

廖萌：《"一带一路"建设背景下中国企业"走出去"的机遇与挑战》，《经济纵横》2015年第9期。

厉无畏：《历史文化资源的开发利用与创意转化》，《人民论坛》2008年第9期。

李书文、尹作升：《文化产业化与传统文化资源的开发》，《社会科学研究》2004年第3期。

李林：《"文化线路"与"丝绸之路"文化遗产保护探析》，《新疆社会科学》2008年第3期。

刘维奇：《中西部地区文化产业发展战略研究——以山西省为例》，《石家庄经济学院学报》2009年第10期。

刘宽忍：《对"建设丝绸之路经济带文化先行"的思考》，《民主》2015年第2期。

刘瑞、高峰：《"一带一路"战略的区位路径选择与化解传统产业产能过剩》，《社会科学研究》2016年第1期。

刘杨：《以跨文化传播的视角探析丝绸之路经济带文化建设》，《经济研究导刊》2017年第20期。

梁双陆、梁巧玲：《"一带一路"新常态下如何加快孟中印缅经济走廊建设——基于产业国际分工与布局的研究》，《天府新论》2015年第5期。

牛汝极：《充分挖掘丝路文化资源，加快发展新疆文化产业》，《新疆社会科学》2009年第1期。

齐勇锋、吴莉：《特色文化产业发展研究》，《中国特色社会主义研究》2013年第5期。

史昕、邢彬彬：《"一带一路"油气全产业链国际合作战略研究》，《国际经济合作》2015年第8期。

祁述裕、殷国俊：《中国文化产业国际竞争力评价和若干建议》，《国家行政学院学报》2005 年第 2 期。

孙亚辉：《丝绸之路的价值弘扬与文化旅游的开发及优化》，《社会科学家》2014 年第 5 期。

孙久文：《"一带一路"战略与加快区域经济发展》，《开发研究》2017 年第 1 期。

许立勇、王瑞雪：《西部丝绸之路特色文化产业带布局初论》，《浙江工商大学学报》2015 年第 3 期。

孙壮志：《"丝绸之路经济带"：打造区域合作新模式》，《新疆师范大学学报》2014 年第 6 期。

王保忠、何炼成等：《"新丝绸之路经济带"一体化战略路径与实施对策》，《经济纵横》2013 年第 11 期。

王青亦：《丝绸之路文化产业带的文化发展策略研究》，《华侨大学学报》2015 年第 3 期。

武宜娟：《论地方历史文化资源的产业开发》，《学术交流》2012 年第 8 期。

熊澄宇：《海上丝绸之路建设与文化产业发展》，《对外传播》2015 年第 2 期。

熊艾伦、蒲勇健等：《"一带一路"与过剩产能转移》，《求索》2015 年第 12 期：

项桂娥、陈文彬等：《产业化：历史文化资源保护与传承的路径选择——安徽池州杏花村遗址资源多角度开发的启示与思考》，《池州学院学报》2011 年第 5 期。

杨恕、王术森：《丝绸之路经济带：战略构想及挑战》，《兰州大学学报》2014 年第 1 期。

姚战琪：《"一带一路"沿线国家 OFDI 的逆向技术溢出对我国产业结构优化的影响》，《经济纵横》2017 年第 5 期。

闫静：《丝绸之路经济带文化遗产旅游合作研究——以中国和中亚五国为例》，《西安财经学院学报》2018年第8期。

袁丹、叶绍文等：《丝绸之路经济带文化产业聚集关联网络特征及驱动因素分析》，《民族学研究》2008年第1期。

叶朗：《文化产业将成为中国经济支柱产业》，《中国经济信息》2004年第21期。

尹宏：《丝绸之路经济带建设中的文化产业发展研究》，《学术论坛》2015年第6期。

叶丽君、李琳：《我国区域文化产业竞争力评介与差异分析》，《科技管理研究》2009年第3期。

于鑫、王菊等：《"一带一路"战略下我国国际产业转移的机遇及挑战》，《现代管理科学》2017年第5期。

尹宏：《丝绸之路经济带文化产业发展研究》，《中华文化论文》2015年第8期。

魏海峰：《"一带一路"经济带建设与产业转移研究》，《武汉冶金管理干部学院学报》2017年第3期。

魏后凯：《中国产业的发展趋势及其对竞争力的影响》，《福建论坛》（经济社会版）2003年第4期。

翁明：《从产业协调看中国与东盟农业合作发展的新动力》，《国际经济合作》2015年第11期。

王国刚：《"一带一路"：基于中华传统文化的国际理念创新》，《国际金融研究》2015年第7期。

王婕、林宪生：《丝绸之路经济带文化产业竞争力定量研究》，《经济研究导刊》2015年第9期。

王业强、魏后凯：《"十三五"时期国家区域发展战略调整与应对》，《中国软科学》2015年第5期。

王澍：《丝绸之路经济带文化产业之西北产业融合与再升级》，

《时代金融》2018年第4期。

席平：《创建社会精英圣地 促进世界文化交流——建设"丝绸之路经济带"文化项目的思路与方法》，《大陆桥视野》2015年第4期。

徐平、王友文：《中哈草原文化旅游合作拉动丝绸之路经济带文化产业发展模式研究》，《改革与战略》2015年第8期。

赵春明、文磊：《"一带一路"战略下发展开放型经济的挑战与对策》，《中国特色社会主义研究》2016年第2期。

郑涛、左健等：《产业转移背景下"一带一路"战略对中西部地区经济发展的影响》，《工业技术经济》2015年第9期。

赵天：《共建丝绸之路经济带的文化交流战略研究》，《新疆社会科学》2015年第2期。

张开城：《论广东海上丝绸之路文化资源的开发利用》，《南方论刊》2011年第11期。

张倩：《西部地区文化产业融合发展的趋势研究》，《长安学刊》2014年第12期。

郑晨：《丝绸之路经济带与中国软实力增长》，《山东青年政治学院学报》2015年第2期。

周方：《丝绸之路经济带建设中历史文化遗产的法治保障研究》，《西北大学学报》2015年第2期。

周方冶：《"一带一路"视野下中国-东盟合作的机遇、瓶颈与路径——兼论中泰战略合作探路者作用》，《东南亚纵横》2015年第10期。

周宏莉、魏峰：《"一带一路"战略下国有企业的挑战及应对》，《郑州航空工业管理学报》2016年第6期。

周泽超：《宁夏丝绸之路经济带文化产业发展的SWOT分析》，《宁夏社会科学》2017年第6期。

张国超：《意大利公众参与文化遗产保护的经验与启示》，《中国文物科学研究》2013 年第 1 期。

张理娟、张晓青等:《中国与"一带一路"沿线国家的产业转移研究》,《世界经济研究》2016 年第 6 期。

三 学位论文

柏定国:《基于项目管理的县域文化产业研究》,博士学位论文,中南大学,2005。

常卫:《中国文化产业国际竞争力研究》,博士学位论文,北京工业大学,2007。

戴钰:《文化产业空间聚集研究——以湖南地区为例》,博士学位论文,武汉理工大学,2012。

范志杰:《发展文化事业促进文化产业政策研究》,博士学位论文,财政部财政科学研究所,2003。

刘蔚:《文化产业集群的形成机理研究》,博士学位论文,暨南大学,2007。

宋彦麟:《辽宁省文化产业竞争力研究》,博士学位论文,哈尔滨工程大学,2006。

王颖:《全球化背景下中国文化产业竞争力研究》,博士学位论文,吉林大学,2007。

熊正贤:《乌江流域民族文化资源开发与文化产业发展研究》,博士学位论文,西南民族大学,2013。

于明:《黄河三角洲文化产业可持续发展研究》,博士学位论文,山东大学,2013。

杨吉华:《文化产业政策研究》,博士学位论文,中共中央党校,2007。

杨永生:《中国文化产业作用问题研究》,博士学位论文,首都师范大学,2007。

钱紫华:《深圳文化产业聚集体研究》,博士学位论文,中山大学,

2007。

周斌:《文化产业政策法规研究》,博士学位论文,南京师范大学,2005。

四 英文文献

Adorno, Theodor W., *The Culture Industry: Selected Essays on Mass Culture*, edited by J. M. Bernstein (London: Routledge, 1991).

Allen John Scott, "Cultural-Products Industries and Urban Economic Development: Prospects for Growth and Market Contestation in Global Context," *Urban Affaires Review*, Vol. 39, No. 4 (2004).

David Hesmondhalgh, *Cultural Industries* (Sage Publications, 2007).

David Throsby, "The Concentric Circles Models Model of the Cultural Industries," *Cultural Trends*, Vol. 17, No. 3 (2008).

D. Rodrik, "Has Globalization Gone Too Far?", Washington, Institute for International Economic, March 1997.

Habermas, Jurgen, *The Structure Transformation of the Public Sphere* (Cambridge: The MIT Press, 1998).

Heinz Weihrich, Harold Koontz, *Management* (McGraw-Hill Education, 2006).

Hutter, M. Rizzo, *Economic Perspectives on Cultural Heritage* (London, 1997).

James Petras, "Cultural Imperialism in the Late 20th Century," *Journal of Contemporary Asia*, Vol. 23, No. 2 (1993).

Katsuura, M., "Lead-lag Relationship between Household Cultural Expenditures and Business Cycles," *Journal of Cultural Economics*, Vol. 29, No. 2 (2005).

Lawerence, T. B., Phillips, N., "Understanding Cultural Industries," *Journal of Management Inquiry*, Vol. 11, No. 4 (2002).

Paulo, B., Brrros, C., "Learning-by-consuming and the Dynamics of the Demand and Price of Cultural Goods," *Journal of Cultural Economics*, Vol. 29, No. 2 (2005).

五 网站资源

《文化及相关产业分类（2012）》，中华人民共和国国家统计局网，http://www.stats.gov.cn/tjbz/t20120731402823100.htm，2012-07-31。

《中国正在加快编制"丝绸之路文化产业战略规划"》，新华网，http://news.xinhuanet.com/politics/2014-09/05/c_1112374676.htm，2014-09-05。

《关于金融支持文化产业振兴和发展繁荣的指导意见》（银发〔2010〕94号），中华人民共和国中央人民政府网，http://www.gov.cn/gzdt/2010-04/08/content_1576191.htm，2010-04-08。

《文化部出台〈文化产业投资指导目录〉》，人民网，http://culture.people.com.cn/GB/87423/10112645.html，2009-09-24。

《新疆"西洽会"表现印证"一带一路"魅力》，中国经济网，http://district.ce.cn/newarea/roll/201506/01/t20150601_5516633.shtml，2015-06-01。

《新疆的丝路地位与文化底蕴》，中国考古网，http://www.kaogu.cn/zixun/disanjie_zhongguogonggongkaogu_shoushiluntan/2015/1231/52629.html，2015-12-31。

中央文化管理干部学院：《关于印发〈文化企业无形资产评估指导意见〉的通知》，http://www.moc.gov.cn/sj/caiwushjs/zhengfucg_cws/zchgl_cws/201604/t20160427_2019806.html，2016-04-16。

《文化部关于印发〈文化部"一带一路"文化发展行动计划（2016—2020年）〉的通知》（文外发〔2016〕40号），中华人民共和国中央政府网，http://www.gov.cn/gongbao/content/2017/content_5216447.htm，2016-12-29。

《国务院关于推进文化创意和设计服务与相关产业融合发展的若干意见》（国发〔2014〕10号），中华人民共和国中央政府网，http://www.gov.cn/zhengce/content/2014-03/14/content_8713.htm，2014-02-26。

《国务院批复同意〈西部大开发"十三五"规划〉》，中华人民共和国国家发展和改革委员会网，http://www.sdpc.gov.cn/xwzx/xwfb/201701/t20170116_835192.html，2017-01-16。

《中共中央办公厅 国务院办公厅印发〈关于实施中华优秀传统文化传承发展工程的意见〉》，人民网，http://cpc.people.com.cn/n1/2017/0125/c64094-29049531.html，2017-01-25。

《国务院关于印发国家教育事业发展"十三五"规划的通知》（国发〔2017〕4号），中华人民共和国中央人民政府网，http://www.gov.cn/zhengce/2017-01-19/content_5161314.htm，2017-01-19。

《工业和信息化部 财政部关于推进工业文化发展的指导意见》（工信部联产业〔2016〕446号），http://www.miit.gov.cn/n1146290/n4388791/c5454801/content.html，2017-01-06。

《中华人民共和国公共文化服务保障法》，全国人民代表大会网，http://www.npc.gov.cn/npc/xinwen/2016-12/25/content_2004880.htm，2016-12-25。

工业和信息化部信息中心：《2018年中国泛娱乐产业白皮书》，http://xxzx.miit.gov.cn/InfoAction!showDetail.action?sectionId=M002&info.infoId=1001，2018-03-22。

陈少峰：《第五届烽火文创论坛》，http://www.bjxrjt.com/page417?article_id=69&brd=1&article_category=1。

附录 文化产业政策相关文件汇编(部分)

1.

文化部"十二五"时期文化产业倍增计划

文产发〔2012〕7号

前　言

一、指导思想、发展思路和主要目标

（一）指导思想

（二）发展思路

（三）主要目标

二、主要任务

（一）培育壮大市场主体

（二）转变文化产业发展方式

（三）优化文化产业布局

（四）加强文化产品创作生产的引导

（五）扩大文化消费

（六）推进文化科技创新

（七）实施重大项目带动战略

（八）健全投融资体系

（九）强化人才支撑

（十）推动文化产业"走出去"

三、重点行业

（一）演艺业

（二）娱乐业

（三）动漫业

（四）游戏业

（五）文化旅游业

（六）艺术品业

（七）工艺美术业

（八）文化会展业

（九）创意设计业

（十）网络文化业

（十一）数字文化服务业

四、保障措施

（一）加大政府投入力度

（二）完善政策法规体系

（三）深化文化体制改革

（四）规范文化市场秩序

（五）加强产业公共服务

（六）加强组织实施

前　言

文化产业是社会主义市场经济条件下满足人民多样化精神文化需

求的重要途径，是促进社会主义文化大发展大繁荣的重要载体，是国民经济中具有先导性、战略性和支柱性的新兴朝阳产业，是推动中华文化走出去的主导力量，是推动经济结构战略性调整的重要支点和转变经济发展方式的重要着力点。

"十一五"期间，人民群众文化消费活跃，社会力量投资文化产业热情高涨，文化产品和服务丰富多样，演艺娱乐、艺术品、文化旅游、动漫游戏、网络文化等行业蓬勃发展，文化产业增加值年均增速远高于同期 GDP 增速，凸显出成长为国民经济支柱性产业的巨大潜力。

但也应该看到，目前我国文化产业发展水平还不高，活力和创造力还不强，区域布局不尽合理，政策体系还不完善，离国民经济支柱性产业的要求还有不小的距离。为全面贯彻落实党的十七届五中、六中全会精神，推动文化产业成为国民经济支柱性产业，加快建设社会主义文化强国，根据《中共中央关于深化文化体制改革推动社会主义文化大发展大繁荣若干重大问题的决定》、《中华人民共和国国民经济和社会发展第十二个五年规划纲要》和《国家"十二五"时期文化改革发展规划纲要》，特制订《文化部"十二五"时期文化产业倍增计划》。

一 指导思想、发展思路和主要目标

（一）指导思想

以邓小平理论和"三个代表"重要思想为指导，深入贯彻落实科学发展观，坚持社会主义先进文化前进方向，始终把社会效益放在首位，加强文化内容引导和建设，努力实现社会效益和经济效益相统一，以改革创新和科技进步为动力，增强文化产业发展活力，转变文化产业发展方式，充分发挥文化产业在促进经济社会发展、推进社会主义核心价值体系建设、传播先进文化、提升国家文化软实力中的积极作用。

(二) 发展思路

遵循文化发展的客观规律，适应社会主义市场经济的内在要求，坚持文化事业和文化产业双轮驱动、两翼齐飞的思路，一手抓公益性文化事业，一手抓经营性文化产业，实现文化事业和文化产业相互促进，共同发展。

以结构调整为主线，实施重大项目带动战略，谋划和启动一批具有示范性、基础性、战略性、带动性的重大工程和重大项目，提升产业规模和整体素质，加快产业结构调整和转型升级。

发挥市场对文化资源配置的积极作用，加强政府政策引导和公共服务职能，打造政策支撑、公共服务、投资融资、贸易合作、人才培养五大服务平台，提供良好的政策环境和市场环境，营造发展氛围，推动产业集聚，培育市场主体。

实施差异化的区域文化产业发展战略，加强分类指导，发挥各自优势，努力形成文化产业"东、中、西"优势互补、相互拉动、共同发展的局面。鼓励东部地区优化产业结构，倡导文化创新，提升文化品质，实现跨越发展。支持中部地区完善产业政策，扩大文化消费，规范市场秩序，加快产业崛起。引导西部地区发挥资源优势，突出区域特色，培育消费市场，带动产业发展。

(三) 主要目标

"十二五"期间，文化部门管理的文化产业增加值年平均现价增长速度高于20%，2015年比2010年至少翻一番，实现倍增。文化原创能力进一步提高，文化产品和服务更加丰富，文化产业成为满足人民多样化精神文化需求、提高人民生活幸福指数的重要途径。文化产业就业容量大、形式灵活的优点得到充分发挥，成为吸纳就业效果显著的产业之一。文化消费保持快速增长态势，占城乡居民消费的比重不断提高，成为国家扩大内需的重要组成部分。

二 主要任务

以实现跨越式发展为主题,以优化结构布局、加快转变发展方式为主线,以培育文化企业、扩大文化消费、推进文化科技创新、发展特色文化产业为重点,加强内容引导,实施重大文化产业项目带动战略,全面提升文化产业创新能力和核心竞争力,推出一批内容健康向上、深受群众喜爱、市场占有率高的中国原创文化产品,努力满足人民多样化精神文化需求,推动文化产业成为国民经济支柱性产业。

(一) 培育壮大市场主体

加快发展文化产业,必须毫不动摇地支持和壮大国有或国有控股文化企业,毫不动摇地鼓励和引导各种非公有制文化企业健康发展,形成公有制为主体、多种所有制共同发展的文化产业格局,塑造培育文化市场主体,提高文化产业活力和竞争力,促进各类文化企业协调发展。

1. 培育骨干文化企业

以建立现代企业制度为重点,加快推进经营性文化单位改革,加快公司制股份制改造,完善法人治理结构,形成符合现代企业制度要求、体现文化企业特点的资产组织形式和经营管理模式,培育合格市场主体。培育一批核心竞争力强的国有或国有控股大型文化企业或企业集团,在发展产业和繁荣市场方面发挥主导作用。在国家许可范围内,引导、扶持、规范非公有资本进入文化产业,非公有制文化企业在资金扶持、项目评审、投融资、税收优惠、人才引进、奖励表彰、土地使用等方面与国有文化企业一视同仁,营造公平参与市场竞争、同等受到法律保护的体制和法制环境。鼓励有实力的文化企业以资本为纽带,实行跨地区、跨行业、跨所有制、跨媒体兼并重组,形成一批有影响、有品牌、有竞争力的企业或企业集团,打造一批具有较强国际竞争力的"文化航母"。

2. 扶持中小文化企业

通过政府采购、信贷支持、加强服务等多种形式扶持中小文化企业发展，形成富有活力的中小企业群体。简化创办手续，降低准入门槛，支持个体创作者、文化工作室、民办非企业文化机构、文化产业专业合作社发展。鼓励各类中小文化企业向"专、精、特、新"方向发展，强化特色经营、特色产品和特色服务。培育文化产权鉴定、评估、拍卖、经纪等机构，大力发展演艺经纪、票务销售、会展策划、版权代理、创意设计等文化企业。

(二) 转变文化产业发展方式

推动文化产业结构调整，提升文化生产的品质和效益，促进文化产业转型升级，提高文化产业规模化、集约化、专业化水平，加快由注重数量扩张的规模增长转变到更加注重质量效益的内涵提高。

1. 鼓励集聚发展

建设10家左右高起点、规模化、代表国家水准和未来发展方向的国家级文化产业示范园区和一批集聚效应明显的文化产业示范基地。开展特色文化产业示范区创建工作，在特色文化资源富集地区，培育100个左右特色鲜明、主导产业突出的特色文化产业集群和一大批特色文化产业乡镇。

2. 促进产业融合

建立健全产业融合发展的体制机制，优化产业融合发展的政策环境，促进文化与旅游、体育、信息、物流、工业、建筑、会展、商贸、休闲等行业融合，提高国民经济的文化附加值。支持各类企业加大创意设计投入，提升纺织、轻工、包装等行业的文化内涵，推动创意设计向家具、家电、家纺、家饰生产延伸。打破文化产业门类的边界，促进不同文化行业之间的联姻融合，整合各种资源，延伸文化产业链。

3. 打造文化品牌

强化品牌意识，以国家文化产业示范基地为依托，培育300家左右品牌文化企业。开展国家文化产业示范基地影响力评价活动，激励示范基地争创一流、扩大影响、打造品牌。打造 10 个左右社会影响大、综合效益高的文化会展和节庆活动。完善传统工艺、技艺的认定保护机制，保护创意设计知识产权。建立健全品牌授权机制，建立文化品牌营销推广平台，扩大优秀品牌产品生产销售。

4. 加强引导调控

注重引导调控，防止盲目投资、一哄而上，推动文化产业从数量速度型向质量效益型转变。加强对文化产业园区、基地布局的统筹规划，坚持命名和认定的标准，严格控制文化产业园区、基地数量，强调文化内容，突出各自特色，提高发展水平。规范各类文化产业博览会的举办，防止盲目跟风、过多过滥，造成资源浪费。

（三）**优化文化产业布局**

鼓励东中西部地区根据资源禀赋和功能定位，确立文化产业发展重点，发挥各自优势，依托大型城市和城市群建设文化产业带，支持中小城市和农村发展特色文化产业群，形成区域、城乡文化产业协调发展格局。

1. 加强文化产业区域布局

支持东部地区加快发展动漫游戏、创意设计、网络文化、数字文化服务等行业，培育科技型文化产业集群。引导中西部地区及限制开发的主体功能区，依托当地丰富的文化资源，重点发展演艺、文化旅游、艺术品、工艺美术、节庆会展等文化产业，走特色化、差异化、集聚化发展之路。结合国家各项区域性专项规划，主动将文化产业发展纳入区域发展总体框架，加快发展地方特色文化产业。

2. 统筹城乡文化产业发展

发掘城市文化资源，发展特色文化产业，建设特色文化城市。支持大型城市和城市群发挥技术、人才、资金密集优势，加快发展新兴文化业态，形成一批具有国际影响的文化创意中心城市和城市群。发挥首都全国文化中心的示范作用。鼓励大型城市和城市群科学制定功能区域规划，形成各具特色、合理分工、重点突出的文化产业空间布局。支持中小城市完善文化消费基础设施，利用特色文化资源打造产业亮点。鼓励资源型城市合理利用其闲置旧厂房、废弃工业设施等，发展创意设计、演艺、会展、文化旅游等文化产业项目。鼓励发展农村手工艺品、民间演出和乡村文化旅游，培育打造一批特色文化产业乡镇和文化产业特色村，扩大农村就业，增加农民收入。

3. 培育区域性特色文化产业群

挖掘各地特色文化资源，通过规划引导、政策扶持、典型示范等办法，引导特色文化产业有序聚集，发展壮大一批特色明显、集聚度高的特色文化产业基地。鼓励各地积极发展依托文化遗产的旅游及相关产业，打造一批特色文化产品和服务，培育一批民族演艺、文化旅游、工艺美术等文化产业集群，着力推进藏羌彝文化产业走廊等重大项目，增强特色文化产业群发展的聚集力、辐射力和竞争力。

（四）加强文化产品创作生产的引导

始终坚持正确的文化产品创作生产方向，加强内容引导和建设，建立以文化企业和个人为主体的文化创新机制，努力营造有利于文化创新的良好环境，不断完善文化产品评价体系和激励机制。

1. 坚持正确创作生产方向

坚持为人民服务、为社会主义服务的方向和百花齐放、百家争鸣的方针，贴近实际、贴近生活、贴近群众，真正从群众需要出发，继承和发扬中华文化优良传统，吸收借鉴世界有益文化成果，着力提升文化产品的内涵和质量，推出更多深受群众喜爱、思想性艺术性观赏性相统一的精品力作。引导广大文化产业工作者和文化企业自觉践行社会主义核心价值体系，认真对待和积极追求文化产品社会效果，弘扬真善美，贬斥假恶丑，充分发挥文化产业在推进社会主义核心价值体系建设中的积极作用。

2. 鼓励文化创新

把创新精神贯穿文化创作生产全过程，把传统元素与时尚元素、民族特色与世界潮流结合起来，增强文化产品时代感和吸引力，创作生产更多优秀原创文化产品。采取表彰奖励、政策扶持等多种方式，鼓励文化工作者深入生活，创作生产反映时代精神、积极向上、富于感染力的作品。鼓励国家文化产业示范基地不断推动文化内容形式、传播手段创新，提高产品研发和原创能力。重点支持具有鲜明民族特色、时代特点的优秀原创动漫产品创作。充分利用文化产业发展专项资金和国家有关文化艺术基金，加大对文化内容创新的支持力度，引导文化产品创作生产。

3. 完善评价体系和激励机制

坚持把遵循社会主义先进文化前进方向、人民群众满意作为评价文化产品的最高标准，把群众评价、专家评价和市场检验统一起来，形成科学的文化产品评价体系。做好中国文化艺术政府奖动漫奖评选工作，建立公开、公平、公正评奖机制，提高权威性和公信度，引导中国动漫产业发展方向。加大优秀文化产品推广力度，支持展演展映展播展览弘扬主流价值的精品力作。实施国家动漫精品工程，支持和鼓励优秀动漫原创产品的播出、演出、出版和展览等活动。

（五）**扩大文化消费**

把扩大文化消费作为扩大内需的重要组成部分，建立扩大文化消费需求的长效机制，以优质、丰富的文化产品和服务吸引消费者，增加文化消费总量，提高文化消费水平，增强文化产业发展的内生动力，满足人民群众不断增长的精神文化需求。

1. 培育文化消费习惯

营造良好的文化消费环境和氛围，转变城乡居民文化消费观念，提高文化消费自觉性和积极性。鼓励实施文化消费补贴制度，引导城乡居民文化消费，有条件的地方要为困难群众和农民工文化消费提供适当补贴。鼓励在商业演出中安排一定数量的低价场次或门票，鼓励网络文化运营商开发更多低收费业务。发挥文化精品的市场影响力和带动力，激活文化消费市场。

2. 改善文化消费条件

发展文艺演出院线，支持建设、改造剧院等文化消费基础设施。提高基层文化消费水平，引导文化企业投资兴建更多适合群众需求的文化消费场所。支持社会力量兴办各类文化设施，鼓励机关、学校和部队的文化设施面向社会开放。加快全国文化票务网络建设。发展连锁经营、物流配送、电子商务等现代流通组织和流通形式，构建以大城市为中心、中小城市相配套、贯通城乡的文化产品流通网络。积极开发文化消费信贷产品，活跃文化消费市场。

3. 促进文化消费升级

拓展大众文化消费市场，开发特色文化消费，提供个性化、分众化的文化产品和服务，培育新的文化消费增长点。加强文化市场需求和消费趋势预测研究，引导文化企业开发适销对路的文化产品和服务。挖掘节假日和各类节庆活动的文化内涵，提升丰富其文化内容和形式。大力开发适宜互联网、移动终端等载体的网络文化产品，促进动漫游戏、网络音乐娱乐等数字文化内容的消费。提升城市文化消费的质量和层次，促进居民消费结构升级。加强农村文化网点建设，扩大农村文化消费。

（六）推进文化科技创新

科技创新是文化发展的重要引擎。要发挥文化和科技相互促进的作用，深入实施科技带动战略，增强自主创新能力。健全以企业为主体、市场为导向、产学研相结合的文化技术创新体系，培育一批特色鲜明、创新能力强的文化科技企业，支持产学研战略联盟和公共服务平台建设。

1. 加强对传统文化产业的技术改造

促进演艺、娱乐、艺术品、工艺美术、文化会展、创意设计等传统文化产业的科技含量的提高,加快演艺、娱乐等行业基础设施的改造更新,鼓励研发与生产具有自主知识产权的新型数字娱乐、音响、灯光和舞台技术装备。促进院线经营、文化旅游、票务销售、艺术品经营的信息化、数字化和标准化。支持现代科技成果向传统文化产业的转移与应用,加快推进传统文化产业在内容、形式、方式和手段等方面的创新。抓住三网融合、云计算、物联网等发展机遇,提升文化产业各行业技术水平。

2. 加快推进新兴文化产业发展

推动出台相关的政策措施,促进动漫、游戏、网络文化、数字文化服务等新兴文化业态加快发展,不断提高新兴文化产业对加快经济发展方式转变的贡献。重点加强与新兴文化业态密切相关的数字技术、数字内容、网络技术等高新技术的研发,提升文化产品多媒体、多终端传播的制作能力。扩大网络音乐、网络动漫、网络艺术品、网络演出等在线和移动生产销售。鼓励网络企业、IT企业和通信企业参与网络文化内容产品的生产和经营。

3. 发挥科技项目的支撑引领作用

建立健全统筹协调机制,把重大文化科技项目纳入国家相关科技发展规划和计划,加强核心技术、关键技术、共性技术攻关,实现文化产业重大技术突破和集成创新。部署实施若干个国家科技支撑计划重大项目,在国家文化与科技融合联合行动计划、国家文化科技提升计划和文化部科技创新项目计划中,安排实施一批文化产业科技项目。积极协调有关部门,在文化产业发展专项资金、高技术产业发展项目资金、科技型中小企业创新基金中,加强对研发具有自主知识产权的关键、核心技术的支持,促进文化企业的技术应用与成果转化。

4. 推进文化科技创新体系建设

推动企业成为创新主体,健全以企业为主体、市场为导向、产学研相结合的文化技术创新体系,认定20家左右文化与科技融合示范企业，支持产学研战略联盟的发展。依托国家高新技术园区、现代服务业产业化基地、国家级文化产业示范园区和国家文化产业示范基地，建立各具特色的国家级文化与科技融合示范基地。依托高校、科研院所和文化科技龙头企业，在演艺、文化资源数字化、动漫游戏、网络文化等领域，建设5个左右部级重点实验室与工程技术研究中心。支持建设一批示范性的文化产业公共技术平台，对服务功能突出的平台给予资助和奖励。

（七）实施重大项目带动战略

积极联合有关部门，实施一批带有全局性、引导性、公共性、基础性、示范性的重大工程，增强政府引导调控和公共服务能力，加强内容引导示范，促进产业集聚、企业孵化和人才培养，推进产业和产品升级，提升产业总体素质，增强产业发展后劲。特色文化产业发展工程：推动特色文化城市和特色文化产业示范区建设，引导各地加大扶持力度，因地制宜，突出特色，形成一批具有地方特色的基地、园区和文化产业群，提升文化产业的规模化、集约化、专业化发展水平。文艺演出院线建设工程：打破地域界限、市场分割，降低演出流通成本，推动主要城市演出场所连锁经营，实现演艺产业规模化、集约化和高科技化。文化产业公共平台建设工程：整合集成各类资源，提供可共享共用的基础设施、技术设备、信息资源和中介服务，降低文化企业的创业和运营成本，形成集聚和规模效应。国家数字文化产业创新工程：选择数字文化产业中关键和共性技术进行重点攻关，形成具有自主知识产权的核心数字文化技术支撑体系，建设数字文化产业重大技术应用示范项目，加快文化企业数字化网络化信息化进程。国产动漫振兴工程：加大对原创动漫游戏产品的扶持力度，支持重点动漫企业和动漫产业园区发展，大力发展网络动漫、手机动漫等新媒体动漫。从技术研发、人才培养、文化内涵等方面引导动漫游戏产业的发展方向。推动中国动漫游戏城（北京）和国家动漫产业综合示范园

（天津）建设。国家动漫产业公共技术服务平台建设：建设一批国家级动漫产业公共技术服务平台，在动漫产业集聚区建立动漫技术设备、公共技术服务支撑体系和共享机制，为动漫企业提供高品质动漫产品制作支持，推动动漫领域自主创新的关键技术研发。文化产业投融资体系建设推进工程：培育服务于文化产业的金融市场主体，加快金融产品服务开发推广，建立便捷的文化产业融资渠道，实施文化产业金融人才培养工程，推进文化产业投融资理论研究，建设文化产业投融资公共服务平台。文化产业项目服务工程：继续丰富国家文化产业项目资源库，扩大我国文化产品和服务及投融资项目的交易量，使其成为文化产业信息交流、项目合作、产品交易的综合平台，促进投资便利化。藏羌彝文化产业走廊：在藏羌彝地区实施一批具有带动示范作用的文化产业项目，把民族文化资源优势变为经济优势，扩大民族地区就业，促进文化资源的保护和合理利用。

（八）健全投融资体系

深入贯彻落实《关于金融支持文化产业振兴和发展繁荣的指导意见》，建立健全多元化、多层次、多渠道的文化产业投融资体系。促进文化产业与金融业全面对接，鼓励各类金融机构创新金融产品，改善提升文化产业金融服务，引导和鼓励社会资本投入文化产业。

1. 推进银行业全面支持文化产业

鼓励银行类金融机构积极开发适合文化产业的信贷产品，巩固和深化部行合作机制，加大文化产业信贷投放。创新文化产业授信模式，打造文化产业全产业链信贷融资体系。积极开展文化产业资产托管、投资理财、支付结算等配套金融服务。鼓励银行机构积极开展文化产业消费金融业务，提升文化消费层次，扩大文化消费规模。鼓励非银行类金融机构综合利用多种金融业务和金融产品与文化企业对接。

2. 发挥资本市场作用

利用多层次资本市场，推动优质文化企业利用公开发行股票上市融资，扩大文化产业直接融资规模。加强文化企业上市的培育储备和推荐机制，形成"储备一批、培育一批、申报一批、发行一批"的文化企业上市梯次推进格局，培育30家上市文化企业。支持国有文化企业吸引社会资本进行股份制改造。支持文化企业通过债券市场融资，引导文化企业科学利用期权、期货等多形式金融衍生品。探索文化企业代办股份转让系统试点工作。

3. 促进文化产业投资

充分发挥投资拉动作用，鼓励引导各类社会资本投入文化产业，培育文化产业领域战略投资者。在国家许可范围内，引导社会资本以多种形式投资文化产业，参与国有经营性文化单位转企改制，参与重大文化产业项目实施和文化产业园区建设。积极发挥中国文化产业投资基金等骨干投资机构的示范引导作用，培育文化产业领域机构投资者，鼓励风险投资基金、私募股权基金等积极进入新兴文化业态。

4. 完善文化产业投融资配套服务

推动文化产业保险市场建设，创新文化产业保险产品和服务方式，总结和推广文化产业试点险种。加强对重点文化产权交易所的指导，按照"总量控制、合理布局、依法规范、健康有序"的原则引导文化产权交易机构健康有序发展。探索完善文化类无形资产确权、评估、质押、流转体系，为文化企业提供专业化、综合性的投融资服务。探索创新文化产业担保方式，建立多层次文化企业投融资风险分担和补偿机制。

（九）强化人才支撑

以培养高素质文化产业经营管理人才为重点，建设文化产业人才教育培训机构，完善在职人员培训制度，鼓励高等院校开设文化产业相关专业，全面提高文化产业人才队伍的整体素质，为文化产业发展提供强有力的人才支持。

1. 加强培训教育

创办中国文化产业研究院，为文化产业发展提供智力支撑。推动文化产业学科建设，以学历教育形式不断壮大文化产业人才队伍。支持举办高级研修班、EMBA 班、在职进修班，以非学历教育形式不断提升文化产业人才质量和水平。积极探索政府、高校、院所、企业合作培养机制，建立一批文化产业人才培养基地和文化产业创业园、孵化器，促进产学研一体化。通过"走出去、请进来"的方式，加强与各国文化产业界的交流，培养国际化人才。加强职业道德建设和作风建设，增强广大文化产业从业者社会责任感。

2. 完善人才政策

通过文化名家工程等国家重点人才工程计划，培育一支政治素质过硬、经营管理能力强的文化企业家队伍，造就一批文化经管名家。鼓励各地制定文化产业战略人才指导目录，积极推动入选人才享受国家高科技人才的同等待遇，优先推荐进入国家各类人才计划。健全人才使用、流动、激励、保障机制，采取签约、项目合作、知识产权入股等多种方式集聚文化人才。完善文化产业人才分类界定，推进职业技能鉴定和职业资格认定。大力引进海外高层次人才。加大对民营文化企业优秀人才的政策支持，解决落户、住房、医疗和子女教育等实际问题。

（十）推动文化产业"走出去"

根据"政府引导、企业主体、市场化运作"的原则，充分发挥政府的引导作用和服务职能，大力推动对外文化交流与对外文化贸易促进工作的有机结合，积极推动文化企业和文化产品走向国际市场，培育一批具有国际竞争力的外向型文化企业和中介机构，打造一批国际知名文化品牌，增强中华文化在世界上的感召力和影响力。

1. 促进文化产品和服务出口

完善支持文化产品和服务出口的政策措施，利用政府对外文化工作平台，积极推动文化产业"走出去"。支持代表中华优秀民族文化、具有自主知识产权和品牌的文化企业和产品进入国际市场，重点扶持具有民族特色的演艺、动漫、游戏、艺术品、工艺美术、网络文化等领域产品和服务的出口。建立文化产品和服务"走出去"资源库，修订完善《文化产品和服务出口指导目录》，联合商务部等部门发布文化出口重点企业和项目目录。不断完善对外文化贸易统计工作。简化审批手续，推动出口便利化，在重点出口地区建立对外文化贸易基地。

2. 鼓励文化企业开拓境外市场

鼓励文化企业通过独资、合资、控股、参股等多种形式在境外兴办文化实体、设立分支机构，实现文化企业在境外的落地经营。加强对海外文化产业、市场的深度分析，建立国际文化市场的信息收集、编辑、研究和发布机制，协助企业了解国际市场动态，扩大海外营销网络。积极支持文化企业参加境外国际大型展会和文化活动，协助提升在国内举办的文化博览会和交易会的国际化运营能力。充分发挥驻外使领馆文化处（组）、海外中国文化中心等驻外文化机构的作用，积极指导、协助文化企业开拓海外市场。

3. 加强国际文化产业交流合作

实施国际市场区域开发战略，积极参与国际文化产业对话，建立、参与政府间国际文化产业领域双边和多边对话与合作机制，参与国际文化贸易规则制定，不断增加国际话语权。鼓励文化企业同国外有实力的文化机构进行项目合作，鼓励引进适合我国市场需求的国外优秀文化产品，丰富我国文化市场，同时积极学习国外先进的制作技术和管理经验，不断提升我国文化产业面向国际市场的综合能力。

三 重点行业

改造提升演艺、娱乐、文化旅游、工艺美术等传统文化产业，加快发展动漫、游戏、网络文化、数字文化服务等极具活力和潜力的新兴文化产业，构建结构合理、门类齐全、科技含量高、竞争力强的现代文化产业体系，以重点行业的快速发展实现倍增目标，形成各行业百花齐放、共同繁荣的良好局面，推动文化产业跨越式发展。

（一）演艺业

加快剧院、剧场、电子票务等演艺基础设施建设，为扩大演艺消费创造条件。建立演艺产品创作生产补贴机制，扩大原创性演出产品的生产。加快演艺与旅游等相关产业的融合，培育旅游演艺市场，丰富旅游演艺产品，避免同质化。设计开发演艺衍生产品，延伸演艺产业链。

专栏　演艺业发展目标和主要政策措施

发展目标　"十二五"期间，建设10家左右覆盖全国主要城市的全国性或跨区域的文艺演出院线，打造一批深受人民群众喜爱、久演不衰的精品剧目，形成1—2个国际知名的演艺产业集聚区，大力拓展农村演艺市场，基本满足城乡居民对演艺的消费需求，为实现从演艺大国到演艺强国的跨越奠定基础。

主要举措　（1）加快国有文艺院团转企改制的步伐，引导支持民营资本进入演艺领域，着力培育一批有较强竞争力的骨干演艺企业。（2）发展以大型演艺集团为龙头，以中心城市剧场为支点，以二三线城市剧场为网络的若干个跨区域演出院线。（3）加快演艺基础设施改造更新，重点鼓励生产具有自主知识产权的新型音响、灯光和舞台技术装备。（4）积极推进全国文化票务网络建设，打造文艺演出票务平台。（5）依托各地文化艺术资源，发挥已形成的地方特色演艺品牌的辐射效应，培育民族民间演艺产业群。

政策支持　（1）研究制定和落实支持演艺产业发展的经济政策。（2）发挥国家各类文化艺术基金的作用，调动国家、社会等各方面力量，推动演艺产品创新，鼓励创作反映现实生活和表现时代精神的优秀舞台作品。（3）鼓励有条件的地方设立"演艺产业发展专项资金"，重点支持演出节目原创、舞台设备更新、剧场建设改造、演出院线建设、出国巡演等。（4）制定完善演艺产业市场准入和退出、市场监管、知识产权保护、从业规范等政策法规。

（二）娱乐业

促进歌舞娱乐场所和游艺娱乐场所健康发展，积极开发具有民族特色、健康向上和技术先进的新兴娱乐方式，创新娱乐业态。促进娱乐业与休闲产业结合，扩大娱乐业发展空间。调整优化娱乐场所结构，鼓励娱乐企业连锁经营。推动娱乐场所品牌建设，增强中国娱乐业在国内外市场的吸引力。

专栏　娱乐业发展目标和主要政策措施

发展目标"十二五"期间，打造5至10家具有较大产业规模和较强竞争实力的娱乐业品牌，推动娱乐业自主创新，使国产娱乐设备、国产原创娱乐内容占据国内市场60%以上份额。

主要举措（1）扶持国内娱乐设备生产企业积极开发拥有自主知识产权的娱乐设备，鼓励娱乐产品内容提供商积极开发拥有自主知识产权、内容健康的娱乐产品。（2）在大中城市积极发展集演艺、休闲、旅游、餐饮、购物、健身等为一体的综合性娱乐设施。（3）科学规划、适度发展科技含量高、富有中国文化特色的娱乐园区，坚持合理布局，有序规范，防止盲目建设。（4）加强娱乐场所引导和管理，加大执法力度，规范娱乐业经营秩序，净化娱乐市场环境。

政策支持（1）鼓励各地调低娱乐业营业税税率，促进大众娱乐业发展，丰富人民群众精神文化生活。（2）推动娱乐场所标准化建设，建立娱乐场所硬件设施标准体系、技术标准体系和服务标准体系。

（三）动漫业

优化动漫产业结构，提升动漫产品质量，打造动漫精品，逐步形成统一、开放、竞争、有序的动漫产业体系和相互支撑、相互作用的动漫产业链条。加强创作，培育精品，倡导、扶持动漫产业走民族风格和时代特点相结合的原创之路,坚持走技术创新与市场开发相结合的产业发展道路。

专栏　动漫业发展目标和主要政策措施

发展目标　力争到 2015 年,动漫业增加值超 300 亿元,动漫创意和产品质量有很大提升,着力打造 5 至 10 个在国际上具有较强竞争力和影响力的国产动漫品牌和骨干动漫企业,培育一批国际知名的动漫企业家和动漫艺术家,实现动漫产业质的飞跃,成为文化产业发展的重要增长点和未成年人思想道德建设的重要支点。

主要举措　(1) 制定动漫产业"十二五"发展规划。(2) 评选中国文化艺术政府奖动漫奖,示范、引导动漫产业健康发展。(3) 实施国家动漫精品工程,为优秀动漫创意和动漫产品搭建产业化平台,保护知识产权,推动形成上下游共同发展的动漫产业链条。(4) 实施原创动漫推广计划,包括动漫游戏海外推广、展会推广和边疆推广。(5) 加强动漫关键技术研发、动漫公共技术服务平台和国家动漫公共素材库项目建设,为动漫产业发展提供技术支撑。(6) 加强对现有国家动漫产业基地园区的管理,优化基地园区布局,提高基地园区的孵化、集聚、交易、展示、交流功能。(7) 联合教育部实施原创动漫人才培养计划,举办国家动漫产业高级研修班,培养产业需要的高端人才。(8) 加强动漫产业理论研究工作,发布动漫产业发展年度报告和产业数据。

政策支持　(1) 与财政、税务等部门共同开展动漫企业认定,完善面向动漫企业的财税优惠政策。(2) 继续在营业税、增值税、所得税、进口关税及进口环节增值税等税种实施优惠政策,扶持动漫企业发展。(3) 推动出台动漫产业公共技术服务平台认定管理及进口税收优惠政策。

(四) 游戏业

增强游戏产业的核心竞争力,推动民族特色、健康向上的原创游戏发展，提高游戏产品的文化内涵。鼓励研发具有自主知识产权的网络游戏技术、电子游戏软硬件设备，优化游戏产业结构，促进网络游戏、电子游戏等游戏门类协调发展。鼓励游戏企业打造中国游戏品牌，积极开拓海外市场。

专栏　游戏业发展目标和主要政策措施

发展目标　到2015年，游戏业市场收入规模达到2000亿元，鼓励网游企业到海外投资，形成10家综合实力达到世界水平的骨干游戏企业，培育一批内容健康向上、富有民族特色的游戏精品，力争每年向世界推出百款网游，其中3—5款精品网游跻身国际最受欢迎网游前十位排名。

主要举措　（1）推动民族原创网络游戏产业快速发展，打造具有深厚文化内涵、深受群众喜爱的网络游戏精品。（2）加强科技攻关，研发具有自主知识产权的网络游戏技术和电子游戏软硬件设备，搭建公共技术服务平台。（3）调整优化产品结构和市场结构，丰富网络游戏类型，鼓励新产品填补细分市场。协调发展各游戏门类，提高游戏产业的核心竞争力。（4）严厉打击网络游戏"私服"、"外挂"等侵犯知识产权的行为。

政策支持　（1）促进游戏产品出口，鼓励我国游戏产品参与国际竞争，搭建游戏产业国际交流平台。（2）完善游戏产业相关法律法规，构建监管互动平台，积极引导行业和企业自律。（3）创新人才培养模式，推进产学结合，形成与产业发展相适应的游戏类教育和职业培训体系，培养一批专门人才。

（五）文化旅游业

促进文化与旅游相结合，以文化提升旅游的内涵，以旅游扩大文化的传播和消费。打造文化旅游系列活动品牌，扶持特色文化旅游项目。鼓励演艺与旅游资源整合，开发具有地域特色和民族风情的精品演出节目。加强旅游纪念品、工艺品的研发设计，拓展文化旅游产业链。

专栏　文化旅游业发展目标和主要政策措施

发展目标"十二五"期间，进一步扩大文化旅游产业规模，保护文化旅游资源，规范文化旅游市场秩序，形成文化内容与旅游载体相互融合、相互支撑的总体格局，使文化旅游成为文化产业和旅游产业新的经济增长点和重要支撑。

主要举措（1）科学编制文化旅游发展规划，积极策划文化旅游的精品线路，建设旅游文化名街、名镇，打造文化旅游特色产业集聚区。（2）认定一批文化特征鲜明、市场影响大、发展活力强劲、开放程度高的全国文化旅游实验区，发挥引领示范作用。（3）深入挖掘历史文化和地域文化资源，打造一批拥有自主知识产权、具有广泛传播力和国际影响力的旅游演艺品牌。（4）在有效保护的基础上，对历史文化名城、文物古迹进行科学合理利用，合理利用、传承发展传统手工技艺类和表演类非物质文化遗产，深度开发文化旅游工艺品，提升品位，拓宽市场。（5）打造文化旅游系列活动品牌，扶持具有地方、民族特色的文化旅游项目。从2010年开始，文化部、国家旅游局每4年推出一个中国文化旅游主题年，每两年举办一届中国国际文化旅游周。（6）文化部和国家旅游局定期发布《国家文化旅游重点项目名录》。（7）加强文化旅游市场管理，营造良好的文化旅游环境。

政策支持（1）进一步扶持国家文化旅游重点项目，拓宽投融资渠道，吸引社会资本投资文化旅游项目的建设开发。（2）加大政府投入，重点用于文化旅游宣传推介和交通等基础设施建设。

（六）艺术品业

繁荣美术创作，推动当代艺术品产业健康发展。创建艺术原创、学术评价、艺术品市场互为推进的艺术发展体系。引导、培育和建设艺术品一级市场。完善艺术区管理模式，鼓励艺术品产业集聚发展。建立中国艺术品行业登记认证数据库。积极扶持新媒体艺术。

专栏　艺术品业发展目标和主要政策措施

发展目标　到2015年，艺术品市场交易总额达2000亿，形成2—3家具有世界影响的艺术产业集聚区，将中国建设成为世界艺术品重要交易中心。

主要举措　（1）鼓励原创艺术创作，推动画廊业发展，鼓励各地结合自身资源建立艺术产业集聚区。（2）鼓励建立新媒体艺术中心和视觉实验室，鼓励原创新媒体艺术发展。（3）打造诚信度高、交易便捷、品种丰富的艺术品电子商务平台。（4）扶持两个国际化、品牌化、高品位的艺术品产业博览会。

政策支持　（1）完善艺术品市场政策法规，加强艺术品市场监管力度，建立艺术品市场信用管理机制，维护艺术品交易市场的正常秩序。（2）完善艺术品经纪人制度、市场准入与退出制度。（3）培养艺术品产业领军人才、艺术家、鉴定人才和经纪人才。

（七）工艺美术业

发掘民族文化元素，突出地域特色，强化品牌意识。有效保护传统技艺，不断开发新技术、新工艺、新产品，促进保护传承与创新发展密切结合，发展现代工艺美术。加快传统工艺美术产品与创意设计、现代科技和时代元素融合，增加文化含量和科技含量，提高产品的附加值。鼓励企业集聚，重点扶持特色鲜明的工艺美术产业集聚区。

专栏　工艺美术业发展目标和主要政策措施

发展目标　到2015年，全国工艺美术业增加值超过6000亿元，出口额超过200亿美元。建设一批工艺美术特色产业集聚区和工艺美术研发、设计、创意基地。挖掘丰富的民族文化内涵，提升产品附加值，增强市场竞争力，打造一批具有广泛影响力的工艺美术品牌，带动工艺美术产业全面发展。

主要举措（1）支持传统工艺美术面向市场，鼓励工艺美术技艺创新和提高产品科技含量，开发更多具有自主知识产权的产品，扩大在国际市场的影响力。（2）依托丰富的传统民族民间手工艺品资源，以工艺资源相对富集的中小城市和村镇为主体，加强创意和技术支持，培育集创意研发、生产销售、文化体验为一体的传统民族民间工艺品集散区。（3）推动农村手工艺业发展，鼓励农民通过手工技艺增收致富，通过产业集聚培育一大批特色文化产业乡镇、农民专业合作社、文化个体户及乡村文化产业带头人，实现文化富民。

政策支持（1）推动出台针对工艺美术行业的税收优惠政策，建立适应工艺美术产业发展的投融资体系。（2）加强对制作传统工艺美术产品特需的珍稀矿产资源和天然原材料的保护，为传统工艺美术的研究、开发和生产提供支持。（3）加大资金投入力度，加强传统工艺美术技艺整理传承、人才保护和技艺保护工作。（4）建立科学、完善的工艺美术人才培养机制和教育体系，为工艺美术人才的成长创造良好条件。

（八）文化会展业

科学布局、合理分工、提升内容、突出特色，发展综合性、专业化等不同类型的文化会展。转变文化会展业运作模式，切实提升文化会展的交易功能和作用，促进文化会展与旅游、城市建设、商贸合作的融合，提高办会效益。建立健全会展评估机制，完善会展评估和反馈体系。加强对文化节庆活动的规范引导，发掘传统节庆文化内涵，提升新兴节庆文化品质。

专栏　文化会展业发展目标和主要政策措施

发展目标"十二五"期间，形成3—5个覆盖全国并具有国际影响力的文化会展，逐步建立结构合理、特色明显、功能互补的文化会展业体系。

主要举措（1）重点培育扶持中国国际文化产业博览交易会等重要会展，打造精品会展品牌。（2）转变政府职能，完善会展运作模式，协调会展业及其相关产业链条的发展和提升。（3）进一步发掘传统节庆文化内涵，提升新兴节庆文化品质，培育一批群众参与度高、社会影响力大、经济和社会效益好的节庆活动。（4）加强品牌性文化节庆活动的社会推广和宣传，扩大品牌影响力和经济带动力。

政策支持（1）建立健全会展评估体系，完善会展评估和反馈体系，促进文化会展业可持续发展。（2）加强对地方文化会展和节庆活动的规范和引导。

专栏　重点发展的文化产业展会节庆

展会名称	发展目标	举办地
中国国际文化产业博览交易会	打造享有较高国际知名度和较大国际影响力的综合性、国际化文化产业博览交易会	深圳
中国北京国际文化创意产业博览会	发挥首都全国文化中心示范作用，打造集聚文化创意资源、反映产业动向和趋势、促进产业合作和产品交易的国际文化经贸交流盛会	北京
中国演艺产业博览会	为国内外演艺界搭建集"展示、合作、交易、发展"于一体的综合性服务平台，繁荣发展演艺产业	天津
中国国际动漫游戏博览会	支持成为国内一流、亚洲知名的动漫游戏会展活动	上海
中国国际网络文化博览会	引导网络文化产业发展方向，引领数字内容产业创新趋势	北京
中国（北京）艺术品产业博览会	打造全国性、专业化、品牌化的艺术品产业交易交流平台	北京

续表

展会名称	发展目标	举办地
中国西部文化产业博览会	搭建展示中国西部地区优秀文化资源、助推东中西部文化交流、推动西部文化产业走向国际的重要平台	西安
中国义乌文化产品交易博览会	成为国际化特色明显、市场化运作模式相对成熟的文化产业投资、贸易和技术合作的平台	义乌
中国东北文化产业交易博览会	构建主题突出、内容丰富、形式新颖、特色鲜明、功能完善、参与广泛的国家级文化产业交流展示和交易合作平台	沈阳
中国洛阳牡丹文化节	打造以花为媒，融文化交流、旅游观光、经贸合作为一体的具有广泛影响力的国家级知名文化品牌节会，成为推动区域经济发展方式转变的引擎	洛阳
中国原创手机动漫游戏大赛	培育手机动漫游戏精品，发掘优秀创作人才，成为国内手机动漫领域的一流赛事活动	长沙

（九）创意设计业

完善相关政策措施，营造创意设计氛围，不断提高创意设计能力，统筹推动创意设计业快速发展，提高文化产品的创意设计水平，充分发挥创意设计对文化产业、制造业、服务业等各产业领域的促进作用。扩大创意设计服务外包和出口。

专栏　创意设计业发展目标和主要政策措施

发展目标"十二五"期间，举办1—2个具有国际影响力的创意设计展会和赛事活动，全面提升我国创意设计水平，支持打造3—5个世界知名的"设计之都"。

主要举措（1）搞活创意设计市场，开展国际性创意设计推广、创意设计交易和品牌展示活动。（2）培育壮大拥有自主知识产权和知名品牌、具有较强竞争力、成长性好的创意设计类龙头企业。（3）建设创意设计产业孵化器，完善创业孵化功能，为大学生创业就业创造条件，推动中小创意设计企业集聚和成长。

政策支持（1）加强创意设计知识产权保护力度，形成尊重创意设计、维护创意设计创新的良好氛围。（2）支持创意设计企业与高等院校联合建设创意设计产业人才培养基地，加快培养创意设计人才。

（十）网络文化业

积极实施网络内容建设工程，推动优秀传统文化瑰宝和当代文化精品网络传播，制作适合互联网和移动网络传播的精品佳作，鼓励网民创作格调健康的网络文化作品，提高原创水平，提升文化品位，发挥网络在文化建设中的重要作用。

专栏 网络文化业发展目标和主要政策措施

发展目标"十二五"期间，提高网络音乐娱乐、网络艺术品、网络动漫、网络演出、网络文学等网络文化产品的原创能力和文化品位，发展健康向上的网络文化，进一步增强网络文化的核心竞争力。

主要举措（1）鼓励文化内容与网络技术结合，不断创新文化业态，丰富文化表现形式，推进文化产业结构调整。（2）促进网络文化产业链相关环节的融合与沟通，创新营销推广模式，研究建立更规范、合理的分成模式。（3）鼓励和支持数字技术企业、网络技术企业、计算机硬件企业和通讯企业参与网络文化内容产品的生产和经营。（4）继续稳步推进网吧连锁化、规范化、专业化、品牌化经营。

政策支持（1）加强宏观规划，完善政策支持体系，支持网络文化企业发展。（2）加强知识产权保护体系的建设，积极采用新的科技手段加强对网络文化作品的保护。

（十一）数字文化服务业

推动数字等高新技术在文化领域的广泛应用，促进文化内容以及产品的数字化转化和开发，加快文化产品的生产、传播、消费的数字化进程,加强文化内容与数字技术结合培育新兴文化业态。

专栏　数字文化服务业发展目标和主要政策措施

发展目标　"十二五"期间,利用数字技术全面提升文化产业各门类信息化服务水平,加快传统文化产业的改造提升速度,培育基于数字技术的新兴内容产业,形成一批采用数字技术提供制作、传播、营销、推广等服务的文化服务企业,为文化产业和高新技术融合发展提供支撑。

主要举措　(1)鼓励文化内容与数字等高新技术结合,不断创新文化业态,丰富文化表现形式,为各种新兴显示终端提供文化内容。(2)培育以信息化服务、数字化生产、网络化传播为特点的高科技文化企业。(3)加快文化资源和产品的数字化信息化进程,建设完成覆盖城乡的文化共享网络。鼓励扶持对舞台剧目、音乐、美术、文物、非物质文化遗产和文献资源进行数字化转化和开发。(4)加快科技创新成果转化,提高演艺、动漫、游戏、网络文化等领域技术装备水平,增强文化产业核心竞争力。

政策支持　(1)加强知识产权保护力度,加强数字内容的监督管理,保证国家文化安全。(2)积极建设数字文化产品的产权交易平台,完善投融资机制和相关经济政策。

四　保障措施

贯彻落实十七届六中全会提出的"加大财政、税收、金融、用地等方面对文化产业的政策扶持力度"的精神,积极协调有关部门,逐步完善文化产业政策法规体系,出台具有可操作性的配套政策,加快文化产业振兴立法进程,深化体制改革,规范市场秩序,加强公共服务,全面创造有利于文化产业跨越式发展的良好环境。

(一)加大政府投入力度

增加公共财政对文化产业的投入力度,提高文化产业支出占财政支出比例，充分发挥财政资金杠杆作用，推动文化产业跨越式发展。扩大文化产业发展专项资金和文化产业投资基金规模，合理确定支持方向，提高文化产业发展专项资金的使用效率。创新政府投入方式，通过政府购买服务、项目补贴、以奖代补等方式，鼓励和引导社会力量提供公共文化产品和服务，促进文化产业发展。积极争取中央财政国有资本经营预算加大对文化产业的扶持力度，支持和培育文化市场主体。支持具有战略性、先导性、带动性的重大文化产业项目建设，支持文化科技研发应用和提高文化企业技术装备水平。鼓励和支持有条件的地方设立文化产业投资引导基金，努力探索以政府投入为引导，动员社会参与的新型文化产业投入模式。

（二）完善政策法规体系

进一步贯彻落实关于推动经营性文化事业单位转制、扶持文化企业发展、支持文化产品和服务出口、鼓励技术创新的税收扶持政策。争取将文化产业列入《西部地区鼓励类产业目录》，西部文化企业所得税减按 15% 的税率征收。积极协调有关部门，对部分行业反映出的税负较高问题认真加以研究，逐步完善相应的税收政策。支持各地结合实际情况，将文化产业用地纳入城乡发展规划、土地利用总体规划，在国家土地政策许可范围内，争取优先保证文化产业集聚发展用地。配合行业主管部门，加大土地使用监管力度，不断提高文化产业用地使用效率，严格禁止以文化产业之名违规占地。不断降低文化企业生产经营成本，推动实现符合鼓励类服务业条件的文化企业在用电、用水、用气、用热与工业同价。加快文化产业振兴立法进程，争取把行之有效的文化产业政策上升为国家法律法规，为文化产业发展提供法制保障。

（三）深化文化体制改革

通过深化文化体制改革，构建有利于文化产业繁荣发展的体制机制，进一步解放和发展文化生产力，激发全社会的文化创造活力。加快推进经营性文化单位改革，推进一般国有文艺院团转企改制，推动代表民族特色和国家水准的文艺院团等事业单位实行企业化管理，增强面向市场、面向群众提供服务能力。深化文化行政管理体制改革，加快政府职能转变，强化政府调节、市场监管、社会管理、公共服务职能，推动政企分开、政事分开，理顺政府和文化企事业单位关系。

（四）规范文化市场秩序

全面梳理文化市场法律法规，做好法规制度的立、改、废工作。充分运用法律、经济和必要的行政手段，调整市场布局，优化市场结构，引导和调节文化市场。加快文化市场诚信体系建设，规范市场经营主体之间、经营者与消费者之间的关系，营造公平竞争的市场环境。完善文化市场主体和产品准入制度，加强文化市场主体和内容管理，依法对文化产品进行内容审查。深化文化市场综合执法改革，统筹协调、监督指导文化市场综合执法工作，进一步完善文化市场综合执法机制，加强综合执法队伍建设。积极利用信息网络技术，创新文化市场管理手段，建立健全统一高效的全国文化市场技术监管系统。深入开展"扫黄打非"，加强文化市场管理，严厉查处违法文化经营行为，净化文化市场环境，维护诚信、公平、竞争有序的市场秩序。

（五）加强产业公共服务

根据建设服务型政府的要求，不断完善文化产业公共服务，策划建设一批包括企业孵化、公共技术支撑、投融资服务、信息发布、资源共享、统计分析等功能在内的文化产业综合服务平台。建设中小文化企业创业孵化基地，降低创业成本和创业风险，提高创业成功率。不断完善文化产业统计指标体系，创新统计方法，为推动文化产业发展提供可靠的统计保障。建立文化系统文化产业统计平台，及时发布统计数据。以文化产业示范园区和示范基地为依托，建立重点文化企业的统计制度，及时准确地反映行业发展动态情况，为各级党委政府决策提供数据支撑和信息服务。

（六）加强组织实施

各级文化行政部门要在党委、政府的领导下，统一思想，提高认识，把文化产业发展列入重要议事日程，认真抓好《文化产业倍增计划》的组织实施，加强对计划落实情况的监督检查。要认真履行职责，主动加强与发展改革、财政、税务、科技、商务、教育、土地、金融等部门的沟通协调，争取建立相应的工作机制，共同研究落实本计划提出的发展目标和任务，确保各项政策措施落到实处，促进文化产业跨越式发展。充分发挥各级各类文化产业协会在提供政策咨询、加强行业自律、促进行业发展、维护企业合法权益、制定行业标准等方面的重要作用，使之成为联系文化产业界的桥梁和纽带，努力形成文化企业、行业协会与政府部门之间的良性互动。

（资料来源：中华人民共和国文化和旅游部网站，网站链接：http://zwgk.mct.gov.cn/auto255/201203/t20120301_472833.html.）

2.

文化部　财政部
关于推动特色文化产业发展的指导意见

文产发〔2014〕28号

各省、自治区、直辖市文化厅（局）、财政厅（局），新疆生产建设兵团文化广播电视局、财务局，各计划单列市文化局、财政局：

特色文化产业是指依托各地独特的文化资源，通过创意转化、科技提升和市场运作，提供具有鲜明区域特点和民族特色的文化产品和服务的产业形态。发展特色文化产业对深入挖掘和阐发中华优秀传统文化的时代价值、培育和弘扬社会主义核心价值观、优化文化产业布局、推动区域经济社会发展、促进社会和谐、加快经济转型升级和新型城镇化建设，发挥文化育民、乐民、富民作用，具有重要意义。近年来，我国特色文化产业发展势头良好，但还存在产业基础薄弱、市场化程度不高、知名品牌较少、高端创意和管理人才不足等问题。为贯彻落实党的十七届六中全会关于发展特色文化产业、国务院关于推进文化创意和设计服务与相关产业融合发展的精神，加快实施《国家"十二五"时期文化改革发展规划纲要》，推动特色文化产业健康快速发展，特制定本意见。

一 总体要求

（一）基本原则

传承文化，科学发展。坚持古为今用、推陈出新，努力实现中华优秀传统文化的创造性转化、创新性发展。在产业发展尤其是特色街区、特色村镇、园区基地建设中，注重保护乡村原始风貌、文化特色和自然生态，突出传统特点，不搞大拆大建，不拆真建假，不毁坏古迹和历史记忆。

因地制宜，突出特色。立足各地特色文化资源和区域功能定位，发挥比较优势，明确发展重点，把文化资源优势转变为产业优势，构建具有鲜明区域和民族特色的文化产业体系，促进多样化、差异化发展。

创意引领，跨界融合。加强创意设计，打破行业和地区壁垒，促进特色文化资源与现代消费需求有效对接，加快特色文化产业与旅游等相关产业融合发展，提升产品品质，丰富产品形态，延伸产业链条，拓展特色文化产业发展空间。

市场运作，政府扶持。坚持企业主体、市场运作，更好地发挥政府的引导、扶持职能，完善政策措施，健全市场体系，优化发展环境，提升特色文化产业创新能力和发展活力。

（二）主要目标

到 2020 年，基本建立特色鲜明、重点突出、布局合理、链条完整、效益显著的特色文化产业发展格局，形成若干在全国有重要影响力的特色文化产业带，建设一批典型带动作用明显的特色文化产业示范区和示范乡镇，培育一大批充满活力的各类特色文化市场主体，形成一批具有核心竞争力的特色文化企业、产品和品牌。特色文化资源得到有效保护和合理利用，特色文化产业产值明显增加，吸纳就业能力大幅提高，产品和服务更加丰富，在促进地方经济发展、推动城镇化建设、提高生活品质、复兴优秀传统文化、提升文化软实力等方面作用更加凸显。

二 主要任务

（一）发展重点领域。鼓励各地发展工艺品、演艺娱乐、文化旅游、特色节庆、特色展览等特色文化产业。工艺品业要在保护多样性和独特性的基础上，坚持继承和创新相结合，促进特色文化元素、传统工艺技艺与创意设计、现代科技、时代元素相结合。演艺娱乐业要鼓励内容和形式创新，创作文化内涵丰富、适应市场需求的地域和民族特色演艺精品，支持发展集演艺、休闲、旅游、餐饮、购物等于一体的综合娱乐设施。文化旅游业要开发具有地域特色和民族风情的旅游产品，促进由单纯观光型向参与式、体验式等新型业态转变。特色节庆业要发掘各地传统节庆文化内涵，提升新兴节庆文化品质，形成一批参与度高、影响力大、社会效益和经济效益好的节庆品牌。特色展览业要依托各地文化资源，突出本地特色，实现市场化、专业化、品牌化发展。引导特色文化产业与建筑、园林、农业、体育、餐饮、服装、生活日用品等领域融合发展，培育新的产品类型和新兴业态。

（二）发展区域性特色文化产业带。加强对地缘相近、文脉相承区域的统筹协调，鼓励发展优势互补、相互促进的特色文化产业带。发挥现有区域合作框架作用，建立和完善特色文化产业区域合作机制，加强整体规划，围绕重点产业和重点项目，推动产业要素有效配置，促进区域特色文化产业协同发展。按照国家建设"丝绸之路经济带"总体部署，依托丝绸之路沿线丰富的文化资源，调动各方力量，推动丝绸之路文化产业带建设。持续推进藏羌彝文化产业走廊建设，合理规划、引导实施一批特色文化产业项目，突出民族文化特色，推进文化与生态、旅游的融合发展，建成国际知名的文化旅游目的地和有示范效应的特色文化产业带。促进南水北调工程景观与周边生态、文化、旅游资源有机融合，加快建设南水北调工程文化旅游产业带。

（三）建设特色文化产业示范区。加强规划引导、典型示范，鼓励各地结合当地文化特色不断推出优秀文化产品和服务，形成各具特色的文化产业发展格局，建设一批文化特色鲜明、产业优势突出的特色文化产业示范区。对投入力度大、工作取得明显成效的示范区予以重点扶持，充分调动地方政府积极性，引导各地深入研究评估当地可供产业开发的特色文化资源，提出资源利用和转化规划，推动特色文化产业有序集聚，形成一批集聚效应明显、孵化功能突出的特色文化产业基地、园区和集群。通过特色文化产业示范区的示范辐射作用，带动全国范围内特色文化产业创新发展，不断增强区域文化产业发展的核心竞争力，提升区域文化品格，打造地方文化名片。

（四）打造特色文化城镇和乡村。将特色文化产业发展纳入新型城镇化建设规划，延续城市历史文脉，承载文化记忆和乡愁，建设有历史记忆、地域特色、民族特点的特色文化城镇和乡村。明确城市文化定位和文化产业发展重点，把特色文化产业项目与城市景观风貌、功能布局紧密融合，形成地域特色，避免千城一面。突出传统特点，彰显文化特色，保护历史文化名镇名村和乡村原始风貌、自然生态，鼓励文化资源丰富的村镇因地制宜发展特色文化产业，建设一批文化特点鲜明和主导产业突出的特色文化产业示范乡镇、特色文化街区、特色文化乡村，促进城镇居民、农业转移人口和农民就业增收。

（五）健全各类特色文化市场主体。培育和引进特色文化骨干企业，发挥其在创意研发、品牌培育、渠道建设、市场推广等方面的龙头作用，带动区域特色文化产业发展。打破地区、行业分割，主动开放市场，鼓励外地企业到本地投资发展特色文化产业，鼓励其他行业企业和民间资本通过多种形式进入特色文化产业，把引入外部资源和做强做优本地企业有机结合。鼓励各类合作社、协作体和产业联盟在整合资源、搭建平台等方面发挥积极作用。扶持各类小微特色文化企业和创业个人，支持个体创作者、工作室等特色文化产业主体发展。

（六）培育特色文化品牌。支持各地实施"一地（县、镇、村）一品"战略，形成一批具有较强影响力和市场竞争力的产品品牌。发挥有代表性的民间手工艺人、工艺美术大师和文化名人在培育特色文化品牌中的作用。建立特色文化品牌认证和发布机制，加强宣传推广，完善传统工艺、技艺的认定保护机制，鼓励挖掘、保护、发展中华老字号等民间特色传统技艺和服务理念，鼓励特色文化企业申报原产地标记，加大知识产权的保护利用力度。

（七）促进特色文化产品交易。完善特色文化产品营销体系，创新营销理念，发展电子商务、物流配送、连锁经营等现代流通组织和流通形式，依托社交媒体等网络平台，拓展大众消费市场，探索个性化定制服务。支持特色文化产品参加各类文化产业展会，鼓励有条件的展会设立特色文化产品展示专区，支持西部地区、民族地区特色文化产品和服务参展。鼓励"公司＋农户"经营模式发展，引导一家一户式的传统销售向代理、品牌授权等现代营销转变。借助社会组织、专业机构的营销渠道与营销经验，扩大特色文化产品销售。提升各类交易平台的信息化和网络化水平，促进特色文化产品和服务交易。

三　保障措施

（一）加大财税金融扶持。加大财政对特色文化产业发展的支持力度，把特色文化产业发展工程纳入中央财政文化产业发展专项资金扶持范围，分步实施、逐年推进。充分发挥财政资金杠杆作用，重点支持具有地域特色和民族风情的民族工艺品创意设计、文化旅游开发、演艺剧目制作、特色文化资源向现代文化产品转化和特色文化品牌推广，支持丝绸之路文化产业带、藏羌彝文化产业走廊建设。认真落实国家扶持文化产业发展的各项税收政策，加强税收政策跟踪问效。利用文化部与相关金融机构部行合作机制、文化产业投融资公共服务平台，加强对特色文化企业的投融资支持与服务。

（二）强化人才支撑。以培养高技能人才和高端文化创意、经营管理人才为重点，加大对特色文化产业人才的培养和扶持。探索与知名培训机构、专业院校、科研院所建立人才共同培养机制，办好西部文化产业经营管理人才培训班、文化产业投融资实务系列研修班。通过资金补助、师资支持等多种形式，支持各地开展特色文化产业人才培训。依托工作室、文化名人、艺术大师，促进人才培养和传统技艺传承。加强对非物质文化遗产传承人和学艺者的培训，着重提高其创新创意能力。积极将特色文化产业人才培养纳入各级政府人才发展规划和工作计划。

（三）建立重点项目库。按照自愿申报、动态管理、重点扶持的原则，依托国家文化产业项目服务平台，面向全国征集具有示范性和带动性的特色文化产业重点项目，加强对重点项目的组织、管理、协调、支持和服务。广泛吸引社会资本参与建设，拓宽特色文化产业重点项目投融资、交易、合作渠道。优先支持符合条件的重点项目享受中央财政文化产业发展专项资金项目补助、保费补贴、贷款贴息、绩效奖励等扶持。

（四）支持拓展境外市场。综合运用多种政策手段，对特色文化产品和服务出口、境外投资、营销渠道建设、市场开拓等方面给予支持。加强对外文化贸易公共信息服务，及时发布国际文化市场动态和国际文化产业政策信息。支持特色文化企业参加境外展会和文化活动，鼓励在境外开展项目推介、产品展销、投资合作，扶持特色文化精品进入国际市场。加强对外文化贸易信息服务，充分发挥驻外使领馆文化处（组）、海外中国文化中心等的作用，协助特色文化企业了解和分析境外文化市场动态，拓展境外营销网络和渠道。

（五）建立完善交流合作机制。鼓励高等学校、科研院所、骨干企业与地方加强合作，促进资源整合和有效配置，发挥各自优势，带动地方特色文化产业发展。鼓励建立产学研合作联盟，加快建设以企业为主体、高等学校和科研院所为依托的创意设计和产品研发中心，引导创意创新要素向企业集聚。支持举办相关交流研讨活动，为拓展特色文化产业交流合作提供平台。

（六）加强组织实施。各级文化行政部门、财政部门要按照本意见要求，对本地文化资源进行充分的摸底调查，根据本地区实际情况，因地制宜，科学研究制定特色文化产业发展规划，研究制定鼓励本地特色文化产业发展的财政、金融、土地等多方面扶持政策。要主动加强与发展改革、民族、宗教、旅游、金融等部门的沟通协调，加强跨地区、跨部门协作，确保各项任务措施落到实处。强化文化市场监管和执法，创造良好市场环境。加强宣传，积极营造全社会支持特色文化产业发展的良好氛围。充分发挥各级各类文化产业协会（商会、学会）在信息服务、行业自律、人才培训、制定标准、国际交流等方面的重要作用。

文化部　财政部

2014 年 8 月 8 日

（资料来源：中华人民共和国文化和旅游部网站，网站链接：https://www.mct.gov.cn/whzx/bnsj/whcys/201408/t20140827_759468.htm。）

3.

文化部"一带一路"文化发展行动计划
(2016—2020年)

文外发〔2016〕40号

为深入贯彻十八大和十八届三中、四中、五中、六中全会精神，深入贯彻习近平总书记系列重要讲话精神，落实经国务院授权，由国家发展改革委、外交部、商务部联合发布的《推动共建丝绸之路经济带和21世纪海上丝绸之路的愿景与行动》（以下简称《愿景与行动》），加强与"一带一路"沿线国家和地区的文明互鉴与民心相通，切实推动文化交流、文化传播、文化贸易创新发展，特制定本行动计划。

一 指导思想与基本原则

（一）指导思想

高举中国特色社会主义伟大旗帜，以邓小平理论、"三个代表"重要思想和科学发展观为指导，深入贯彻落实习近平总书记系列重要讲话精神，坚持社会主义先进文化前进方向，认真贯彻落实《愿景与行动》的整体部署，助推"一带一路"沿线国家和地区积极参与文化交流与合作，传承丝路精神，促进文明互鉴，实现亲诚惠容、民心相通，推动中华文化"走出去"，扩大中华文化的国际影响力，为实现《愿景与行动》总体目标和全面推进"一带一路"建设，夯实民意基础。

（二）基本原则

政府主导，开放包容。坚持文化对外开放战略布局，发挥政府引领统筹作用，加强与"一带一路"沿线国家和地区政府间文化交流，着力建立长效合作机制，充分发挥国内各省区市优势，鼓励社会力量积极参与、共同建设。

交融互鉴，创新发展。秉承和而不同、互鉴互惠的理念，尊重"一带一路"沿线国家和地区人民的精神创造和文化传统，以创新为动力，充分运用互联网思维和新科技手段，推动"一带一路"多元文化深度融合。

市场引导，互利共赢。兼顾各方利益和关切，遵循国际规则和市场规律，充分发挥市场在资源配置中的重要作用，调动各方积极性，将文化与外交、经贸密切结合，形成文化交流、文化传播、文化贸易协调发展态势，实现互利共赢。

二 发展目标

准确把握"一带一路"倡议精神，全方位提升我国文化领域开放水平，秉承立足周边、辐射"一带一路"、面向全球的合作理念，构建文化交融的命运共同体。着力实现以下目标：

——文化交流合作机制逐步完善。与"一带一路"沿线国家和地区政府、民间文化交流合作机制进一步健全，部际、部省等工作机制进一步完善。形成政府统筹、社会参与、市场运作的整体发展机制和跨地区、跨部门、跨行业的文化交流合作协调发展态势。

——文化交流合作平台基本形成。加快在"一带一路"沿线国家和地区设立中国文化中心，形成布局合理、功能完备的设施网络。以"一带一路"为主题的各类艺术节、博览会、交易会、论坛、公共信息服务等平台建设逐步实现规范化和常态化。

——文化交流合作品牌效应充分显现。打造文化交流合作知名品牌，继续扩大"欢乐春节"品牌在沿线国家的影响，充分发挥"丝绸之路文化之旅"、"丝绸之路文化使者"等重大文化交流品牌活动的载体作用。

——文化产业及对外文化贸易渐成规模。面向"一带一路"国际文化市场的文化产业发展格局初步形成，文化企业规模不断壮大，文化贸易渠道持续拓展，服务体系建设初见成效。

三　重点任务

（一）健全"一带一路"文化交流合作机制

积极与"一带一路"沿线国家和地区签署政府间文件，深化人文合作委员会、文化联委会等合作机制，为"一带一路"文化发展提供有效保障。加强上海合作组织成员国文化部长会晤、中国－中东欧国家文化部长会议、中阿文化部长论坛、中国与东盟"10＋1"文化部长会议等高级别文化磋商。推动与沿线国家和地区建立非物质文化遗产交流与合作机制。与沿线国家和地区建立文化遗产保护和世界遗产申报等方面的长效合作机制。支持国家艺术基金与沿线国家和地区的同类机构建立合作机制。

完善部省合作机制，鼓励各省区市在文化交流、遗产保护、文艺创作、文化旅游等领域开展区域性合作。发挥海外侨胞以及港澳台地区的独特优势，积极搭建港澳台与"一带一路"沿线国家和地区文化交流平台。充分考虑和包含以妈祖文化为代表的海洋文化，构建21世纪海上丝绸之路文化纽带。引导和扶持社会力量参与"一带一路"文化交流与合作。

专栏1　"一带一路"文化交流合作机制建设

1. "一带一路"国际交流机制建设计划

积极贯彻落实我国与"一带一路"沿线国家和地区签订的文化合作（含文化遗产保护）协定、年度执行计划、谅解备忘录等政府间文件，加强我国与"一带一路"沿线国家和地区文化交流与合作机制化发展，推动成立"丝绸之路国际剧院联盟"、"丝绸之路国际图书馆联盟"、"丝绸之路国际博物馆联盟"、"丝绸之路国际美术馆联盟"、

"丝绸之路国际艺术节联盟"、"丝绸之路国际艺术院校联盟"等，与"一带一路"沿线地区组织和重点国家逐步建立城际文化交流合作机制。

2. "一带一路"国内合作机制建设计划

建立"一带一路"部省对口合作机制，共同研究制定中长期合作规划，在项目审批、资金、人才、技术等方面予以支持，建立对口项目合作机制和目标任务考核机制，研究提出绩效评估办法。

（二）完善"一带一路"文化交流合作平台

优先推动"一带一路"沿线国家和地区的中国文化中心建设，完善沿线国家和地区的中心布局。着力打造以"一带一路"为主题的国际艺术节、博览会、艺术公园等国际交流合作平台。鼓励和支持各类综合性国际论坛、交易会等设立"一带一路"文化交流板块。逐步建立"丝绸之路"文化数据库，打造公共数字文化支撑平台。

专栏 2　"一带一路"文化交流合作平台建设

3. "一带一路"沿线国家中国文化中心建设计划

落实《海外中国文化中心发展规划（2012—2020 年）》，优先在缅甸、马来西亚、印度尼西亚、越南、匈牙利、罗马尼亚、保加利亚、哈萨克斯坦、白俄罗斯、塞尔维亚、拉脱维亚、土库曼斯坦、以色列等"一带一路"沿线国家设立中国文化中心。

4. "一带一路"文化交流合作平台建设计划

将"中国新疆国际民族舞蹈节"、"丝绸之路国际艺术节"、"海上丝绸之路国际艺术节"、"丝绸之路（敦煌）国际文化博览会"、"厦门国际海洋周"、"中国海洋文化节"等活动打造成国际交流合作平台，建设"海上丝绸之路（泉州）艺术公园"和"中阿友谊雕塑园"等重点项目平台。

鼓励中国－亚欧博览会、中国－阿拉伯国家博览会、中国－东盟博览会、中国西部国际博览会、中国（深圳）国际文化产业博览交易会、中国西部文化产业博览会等综合性平台设立"一带一路"文化交流板块。

（三）打造"一带一路"文化交流品牌

在"一带一路"沿线国家和地区打造"欢乐春节"、"丝绸之路文化之旅"等重点交流品牌以及互办文化节（年、季、周、日）等活动，扩大文化交流规模。

与"一带一路"沿线国家和地区共同遴选"丝绸之路文化使者"，通过智库学者、汉学家、翻译家交流对话和青年人才培养，促进思想文化交流。推动中外文化经典作品互译和推广。

积极探索与"一带一路"沿线国家和地区开展同源共享的非物质文化遗产的联合保护、研究、人员培训、项目交流和联合申报。加大"一带一路"文化遗产保护力度，促进与沿线国家和地区在考古研究、文物修复、文物展览、人员培训、博物馆交流、世界遗产申报与管理等方面开展国际合作。鼓励地方和社会力量参与文化遗产领域的对外交流与合作。

繁荣"一带一路"主题文化艺术生产，倡导与沿线国家和地区的艺术人才和文化机构联合创作、共同推介，搭建展示平台，提升艺术人才的专业水准和综合素质，为丝路主题艺术创作储备人才资源。

专栏 3　"一带一路"文化交流品牌建设

5. "丝绸之路文化之旅"计划

打造"丝绸之路文化之旅"品牌，到 2020 年，实现与"一带一路"沿线国家和地区文化交流规模达 3 万人次、1000 家中外文化机构、200 名专家和 100 项大型文化年（节、季、周、日）活动。联合沿线国家和地区共同开发"丝绸之路"文化旅游精品线路及相关文创产品。邀请"一带一路"沿线国家和地区知名艺术家来华举行"意会中国"采风创作活动,推动沿线国家的国家级艺术院团及代表性舞台艺术作品开展交流互访,形成品牌活动。

6. "丝绸之路文化使者"计划

开展与"一带一路"沿线国家和地区的智库交流与合作,举办青年汉学家、翻译家研修活动,邀请800名著名智库学者、汉学家、翻译家来华交流、研修。实施"一带一路"中国文化译介人才发展计划。与周边国家举办文化论坛。与沿线国家和地区合办代表国家水准和民族特色的优秀艺术家互访、文化艺术人才培训和青少年交流活动。培养150名国际青年文物修复和博物馆管理人才。

7. "一带一路"艺术创作扶持计划

支持与"一带一路"沿线国家和地区文化机构在戏剧、音乐、舞蹈、美术等领域开展联合创作,在国内"一带一路"沿线区域实施"中华优秀传统艺术传承发展计划",通过国家艺术基金对"一带一路"主题艺术创作优秀项目予以支持。

8. "一带一路"文化遗产长廊建设计划

与"一带一路"沿线国家和地区共同实施考古合作、文物科技保护与修复、人员培训等项目,实施文物保护援助工程。举办以"丝绸之路文化遗产"为主题的研讨交流活动。推进海上丝绸之路申遗以及世界文化遗产"丝绸之路:长安—天山廊道的路网"扩展项目。

(四)推动"一带一路"文化产业繁荣发展

建立和完善文化产业国际合作机制,加快国内"丝绸之路文化产业带"建设。以文化旅游、演艺娱乐、工艺美术、创意设计、数字文化为重点领域,支持"一带一路"沿线地区根据地域特色和民族特点实施特色文化产业项目,加强与"一带一路"国家在文化资源数字化保护与开发中的合作,积极利用"一带一路"文化交流合作平台推介文化创意产品,推动动漫游戏产业面向"一带一路"国家发展。顺应"互联网+"发展趋势,推进互联网与文化产业融合发展,鼓励和引导社会资本投入"丝绸之路文化产业带"建设。持续推进藏羌彝文化产业走廊建设。

专栏4 "一带一路"文化产业发展

9. "丝绸之路文化产业带"建设计划

鼓励国内"一带一路"沿线文化企业跨区域经营，实现文化旅游互为目的地和客源地，建设具有代表性的特色文化产品生产和销售基地。运用文化产业项目服务平台，加强对丝绸之路文化产业重点项目征集发布、宣传推介、融资洽谈、对接落地等全方位服务。将国内"一带一路"沿线区域符合条件的城市纳入扩大文化消费试点范围，逐步建立促进文化消费的长效机制。

10. 动漫游戏产业"一带一路"国际合作行动计划

发挥动漫游戏产业在文化产业国际合作中的先导作用，面向"一带一路"各国，聚焦重点，广泛开展。搭建交流合作平台、开展交流推广活动，促进互联互通，构建产业生态体系。发挥中国动漫游戏产业创新能力强、产业规模大的优势，培育重点企业，实施重点项目，开展国际产能合作，实现中国动漫游戏产业与沿线国家合作规模显著扩展、水平显著提升，为青少年民心相通发挥独特作用。

11. "一带一路"文博产业繁荣计划

推进"互联网＋中华文明"及"文物带你看中国"项目，提高"一带一路"文化遗产与旅游、影视、出版、动漫、游戏、建筑、设计等产业结合度，促进文物资源、新技术和创意人才等产业要素的国际流通。

（五）促进"一带一路"文化贸易合作

围绕演艺、电影、电视、广播、音乐、动漫、游戏、游艺、数字文化、创意设计、文化科技装备、艺术品及授权产品等领域，开拓完善国际合作渠道。推广民族文化品牌，鼓励文化企业在"一带一路"

沿线国家和地区投资。鼓励国有企业及社会资本参与"一带一路"文化贸易，依托国家对外文化贸易基地，推动骨干和中小文化企业的联动整合、融合创新，带动文化生产与消费良性互动。

专栏5　"一带一路"文化贸易合作

12."一带一路"文化贸易拓展计划

扶持外向型骨干文化企业与"一带一路"沿线国家和地区文化企业围绕重点领域开展项目合作。开展1000人次文化贸易职业经理人、创意策划人和经营管理人才的交流互访。在国内举办的国际文化会展推出"一带一路"专馆或专区，支持国内文化企业到"一带一路"沿线国家和地区参加知名文化会展。

四、保障措施

（一）组织保障

运用好对外文化工作部际联席会议机制，在文化部"一带一路"工作领导小组指导下，根据本规划明确职责分工，制定实施方案，强化督促检查，形成工作合力。

（二）政策法规保障

签署和落实国际间政府文化合作协定，全面落实国家文化、外交和贸易政策，加强文化领域知识产权保护。建立和完善文化事业、文化产业和对外文化贸易的相关法律法规体系，引导企业自觉遵守国际法律和贸易规则。

（三）资金保障

完善财政投入机制，设立文化部"一带一路"文化交流专项资金。鼓励社会力量参与，引导社会资本投入"一带一路"文化发展建设。鼓励政策性、商业性金融机构发挥优势，探索支持"一带一路"文化发展建设的有效模式，为"一带一路"文化项目提供多元化金融服务。

（四）人才保障

培养一支政治坚定、业务精通、外语娴熟、纪律严明、作风过硬的文化外交人才队伍。加大非通用语人才储备，引导文化艺术专业技术人才和复合型经营管理人才投身于"一带一路"文化工作。有针对性地开展"一带一路"文化交流培训工作，加强"一带一路"文化人才队伍建设，提升人才队伍的素质和能力。

（五）评估落实

建立"一带一路"文化发展重点项目库，定期对落实情况进行检查、评估、总结，宣传推广先进经验和有效做法。

（资料来源：中华人民共和国文化和旅游部网站，网站链接：http://zwgk.mct.gov.cn/auto255/201701/t20170113_477591.html.）

4.

文化部关于印发《文化部"十三五"时期文化产业发展规划》的通知

各省、自治区、直辖市文化厅（局），新疆生产建设兵团文化广播电视局，各计划单列市文化局，本部各司局、驻部纪检组、各直属单位，国家文物局：

《文化部"十三五"时期文化产业发展规划》已经文化部党组同意，现印发给你们，请结合实际认真贯彻执行。

特此通知。

文化部

2017 年 4 月 12 日

为全面贯彻落实党的十八大和十八届三中、四中、五中、六中全会精神，推动文化产业成为国民经济支柱性产业，建设社会主义文化强国，根据《中华人民共和国国民经济和社会发展第十三个五年规划纲要》《国家"十三五"时期文化发展改革规划纲要》和《文化部"十三五"时期文化发展改革规划》，编制本规划。

前言　准确把握文化产业发展新态势

发展文化产业是满足人民群众多样化精神文化需求、提高人民群众生活品质和幸福感的重要途径，是推动中华优秀传统文化创造性转化和创新性发展、使中国梦和社会主义核心价值观深入人心的重要载体，是推动中华文化走向世界、提升国家文化软实力的重要渠道，是培育经济发展新动能、推动经济社会转型升级、促进创新创业的重要动力。

"十二五"以来特别是党的十八大以来，在以习近平同志为核心的党中央坚强领导下，在各级党委政府大力推动和社会各界共同努力下，我国文化产业蓬勃发展、成效显著，文化产业总量规模稳步提升，文化领域创新创业日趋活跃，社会力量投资文化产业热情高涨，文化产品和服务更加丰富，新兴和特色文化产业都呈现良好发展势头，文化企业、文化产品和服务走出去加快步伐，文化产业在稳增长、促改革、调结构、惠民生等方面做出积极贡献，为"十三五"时期推动文化产业成为国民经济支柱性产业奠定了坚实基础。

"十三五"时期是我国全面建成小康社会的决胜阶段，也是推动文化产业成为国民经济支柱性产业的决定性阶段。世界经济正处于新旧增长动能转换的关键时期，新一轮科技革命和产业变革蓄势待发，我国经济发展进入速度变化、结构优化和动力转换的新常态，在创新、协调、绿色、开放、共享的发展理念指引下，供给侧结构性改革全面推进，中国特色新型工业化、信息化、城镇化、农业现代化同步发展，

"一带一路"建设、京津冀协同发展和长江经济带发展等国家重大战略深入实施,"文化+""互联网+"相互交融,文化产业发展空间更加广阔。但也应该看到,我国文化产业的整体规模还不够大,创新创意能力和竞争力还不强,结构布局还需优化,文化产品和服务有效供给不足,高端人才相对短缺,政策和市场环境有待完善。

综合判断,我国文化产业发展正处于可以大有作为的重要战略机遇期,也面临着不少困难和问题。站在新的历史起点上,面对新形势新要求,要进一步坚定文化自信,增强文化自觉,坚持创新驱动,推动文化产业转型升级、提质增效,实现文化产业成为国民经济支柱性产业的战略目标。

一 树立贯彻新理念,明确发展新要求

(一)指导思想

高举中国特色社会主义伟大旗帜,全面贯彻党的十八大和十八届三中、四中、五中、六中全会精神,以邓小平理论、"三个代表"重要思想、科学发展观为指导,深入贯彻习近平总书记系列重要讲话精神和治国理政新理念新思想新战略,紧紧围绕统筹推进"五位一体"总体布局和协调推进"四个全面"战略布局,牢固树立和贯彻落实创新、协调、绿色、开放、共享的发展理念,适应把握引领经济发展新常态,坚持社会主义先进文化前进方向,坚持把社会效益放在首位、社会效益和经济效益相统一,以推进供给侧结构性改革为主线,不断解放和发展文化生产力,促进文化产业转型升级,提高文化产业发展质量和效益,满足多样化文化消费需求,培育和弘扬社会主义核心价值观,维护国家文化安全,建设社会主义文化强国,为实现"两个一百年"奋斗目标、实现中华民族伟大复兴的中国梦提供有力支撑和持续动力。

(二)基本原则

1. 坚持正确导向。以社会主义核心价值观为引领,始终把社会效

益放在首位，坚定文化自信，传承中华文明，鼓励和引导创作生产内容健康向上、群众喜闻乐见的精品力作，努力实现中华优秀传统文化的创造性转化和创新性发展。

2. 坚持以人为本。坚持以人民为中心的发展思想，鼓励人民群众广泛参与，满足人民群众多样化精神文化需求，提高人民群众生活品质和获得感。

3. 坚持企业主体。尊重文化企业的市场主体地位，进一步简政放权、放管结合、优化服务，充分发挥市场在文化资源配置中的积极作用，更好发挥政府引导、调控和服务职能，建立健全现代文化市场体系，营造各类文化市场主体公平竞争的发展环境。

4. 坚持创新驱动。以文化创意、科技创新为引领，提升文化内容原创能力，推动文化产业产品、技术、业态、模式、管理创新，推动文化产业与"大众创业、万众创新"紧密结合，充分激发全社会文化创造活力。

5. 坚持跨界融合。推进"文化+"和"互联网+"战略，促进文化产业与文化事业、文化产业不同门类、文化产业与相关产业的深度融合，进一步拓展文化产业发展空间，为国民经济和社会转型升级注入文化活力。

6. 坚持统筹协调。统筹城乡、区域文化产业发展，立足各地特色文化资源和功能定位，发挥比较优势，明确发展重点，推动不同地区文化产业多样化、差异化发展，形成优势互补、相互协调、联动发展的布局体系。

（三）主要目标

到 2020 年，文化产业整体实力和竞争力明显增强，培育形成一批新的增长点、增长极和增长带，全面提升文化产业发展的质量和效益，文化产业成为国民经济支柱性产业。

现代文化产业体系和现代文化市场体系更加完善，文化产业结构布局不断优化，文化市场的积极作用进一步发挥，文化产品和服务供给能力显著提升，城乡居民文化消费持续增长，文化创造活力明显增强，文化产业吸纳就业能力进一步彰显，文化产业对相关产业的带动和提升作用充分发挥。

"十三五"期间，培育一批具有核心竞争力的文化企业，打造一批具有较强影响力的文化产品和品牌，支持实施一批具有较强带动作用的重点文化产业项目，创建一批具有显著示范效应的国家级文化产业园区，确定一批国家文化消费试点城市，打造3至5个市场化、专业化、国际化的重点文化产业展会，支持建设50个左右文化金融服务中心，培训各类文化产业人才超过5000人次。

二　推进供给侧结构性改革，推动转型升级提质增效

落实供给侧结构性改革战略部署，优化文化产业结构布局，着力发展骨干文化企业和创意文化产业，培育新型文化业态，推动文化产业转型升级、提质增效，构建结构合理、门类齐全、科技含量高、富有创意、竞争力强的现代文化产业体系。

（一）推进"文化+""互联网+"，促进结构优化升级

推进"文化+"和"互联网+"战略，促进互联网等高新科技在文化创作、生产、传播、消费等各环节的应用，推动文化产业与制造、建筑、设计、信息、旅游、农业、体育、健康等相关产业融合发展。

1. 培育新型业态。加快发展以文化创意内容为核心，依托数字技术进行创作、生产、传播和服务的数字文化产业，培育形成文化产业发展新亮点。提升动漫、游戏、创意设计、网络文化等新兴文化产业发展水平，大力培育基于大数据、云计算、物联网、人工智能等新技术的新型文化业态，形成文化产业新的增长点。

2. 促进转型升级。促进高新科技在演艺、娱乐、文化旅游、工艺美术等传统文化行业中的应用，推进传统文化行业在内容创作、传播

方式和表现手段等方面创新，推动线上线下融合发展，提升传统文化行业发展活力。推动优秀传统文化资源数字化进程，积极促进共享和利用。继续引导上网服务、游戏游艺、歌舞娱乐等行业转型升级，全面提高管理服务水平。推动重点文化产业展会转型升级，提升市场化、专业化、国际化发展水平。

3. 推动融合发展。推动文化创意和设计服务与装备制造业和消费品工业深度融合，提升产品附加价值。鼓励合理利用工业遗产发展文化产业。鼓励文化与建筑、地产等行业结合，注重文化建设与人居环境相协调，以文化创意为引领，加强文化传承与创新，建设有文化内涵的特色城镇，提升城市公共空间、文化街区、艺术园区等人文空间规划设计品质。促进文化产业与旅游业深度融合，以文化提升旅游的内涵，以旅游扩大文化的传播和消费。推动文化产业与农业有机结合，合理开发农业文化遗产，支持发展集农耕体验、田园观光、教育展示、文化创意于一体的特色农业。支持发展体育竞赛表演、电子竞技等新业态，鼓励地方依托当地自然人文资源举办特色体育活动。推动文化产业与健康养老产业结合。支持开发承载中医药文化的创意产品。

专栏1　文化产业结构优化升级

数字文化产业创新发展：落实国家战略性新兴产业发展部署，出台推动数字文化产业创新发展的指导意见。推动优秀文化内容数字化转化和创新，丰富数字文化创意内容创作与供给。提升数字文化创意技术与装备水平。支持数字文化产业双创平台建设，构建数字文化产业创新生态体系，推进数字文化与相关产业融合发展。

上网服务行业转型升级：鼓励、引导上网服务场所与公共服务相结合，建立上网服务场所参与公共服务的长效机制。推进农村、乡镇上网服务场所改善经营环境，丰富服务功能。推动上网服务场所环境服务分级评定工作，完善分级评定标准，加强结果应用，探索建立场所分类定级管理制度。指导全国行业协会加大对上网服务场所的培训力度，开展跨界培训、主题性培训工作。

文化娱乐行业转型升级：实施全国阳光娱乐行动计划，开展阳光娱乐惠民活动，指导行业积极探索建立阳光娱乐消费长效机制。加强文化娱乐价值引导和内容审核。引导企业开发智能化、技能化、健身化、具有教育功能的娱乐设备。指导行业协会举办游戏游艺竞技赛事。开展娱乐场所环境服务评定工作，加强结果应用。加强行业交流培训。

重点文化产业展会转型升级：推动中国（深圳）国际文化产业博览交易会、中国西部文化产业博览会、中国（义乌）文化产品交易会、中国国际网络文化博览会、中国国际动漫游戏博览会等重点文化产业展会转型升级。

（二）以"三大战略"为引领，优化发展布局

以国家区域发展总体战略为基础，以"一带一路"建设、京津冀协同发展、长江经济带发展为引领，引导各地根据资源禀赋和功能定位，走特色化、差异化发展之路，充分发挥文化产业在脱贫攻坚战略中的积极作用，推动形成文化产业优势互补、相互协调、联动发展的布局体系。

1. 加强文化产业区域布局。围绕"一带一路"建设、京津冀协同发展、长江经济带发展等国家战略，加强重点文化产业带建设，建立和完善区域文化产业发展协调联动机制，实现互惠共赢。支持我国"一带一路"沿线地区特别是西部地区、边疆地区、民族地区文化产业发展，建立和完善文化产业国际交流合作机制。围绕京津冀文化产业协同发展，搭建区域性公共服务平台，探索建立跨区域协同创新体制机制。发挥长江经济带在区域文化产业发展中的引领作用，推进长江经济带城市群文化产业业态创新和差异化发展。以地方和民族特色文化资源与旅游等产业深度融合为抓手，持续推动藏羌彝文化产业走廊建设。充分发挥文化产业在推动东北老工业基地转型升级中的作用，

培育东北地区经济发展增长点。加强海峡两岸及内地与港澳文化产业交流与合作。

2. 统筹城乡文化产业发展。推动文化产业发展融入新型城镇化建设，延续城市历史文脉，保护乡村原始风貌、自然生态，承载文化记忆和乡愁。支持中心城市和城市群发挥创意、技术、人才、资金密集优势，积极推动产城融合发展，形成若干带动区域协同发展的增长极。鼓励中小城市、小城镇和农村充分挖掘特色文化资源，积极发展县域特色文化产业，打造特色文化产业群，促进城镇居民、农业转移人口和农民就业增收。支持各地建设一批文化特点鲜明和主导产业突出的特色文化小（城）镇、特色文化街区、特色文化乡村。

3. 特色产业助力脱贫攻坚。加大对中西部地区、少数民族地区、贫困地区、革命老区特色文化产业发展的支持力度，发挥文化产业在脱贫攻坚战略中的积极作用。依托各地民族特色文化、红色文化、乡土文化和非物质文化遗产，大力发展贫困人口参与并受益的民族手工艺品、民间演出、乡村文化旅游等。加快民族文化产业发展，推动具有竞争潜力的少数民族文化产品进入国内国际市场，促进特色文化产业发展与民族文化传承、群众就业增收、生态环境保护、特色民居保护等融合。支持建设一批辐射带动贫困人口就业增收的文化产业项目。

专栏2　优化文化产业布局

丝绸之路文化产业带建设：鼓励国内"一带一路"沿线文化企业跨区域经营，实现文化旅游互为目的地和客源地，建设具有代表性的特色文化产品生产和销售基地。运用文化部文化产业项目服务平台，加强对区域内文化产业项目征集发布、宣传推介、融资洽谈、对接落地等全方位服务。将国内"一带一路"沿线区域符合条件的城市纳入扩大文化消费试点范围，逐步建立促进文化消费的长效机制。

京津冀文化产业协同发展：坚持优势互补、共建共享、统一开放的原则，编制出台京津冀文化产业协同发展规划纲要，建立工作协调机制，搭建协同发展平台，重视产业链分工协作，促进人才、技术、资金和资源等要素合理流动，推动三地文化企业、文化产业园区及文化产业项目的沟通对接，实现互利共赢。

长江经济带文化产业发展：加强对长江经济带文化产业发展的规划指导，深挖长江流域文化内涵，支持依托中心城市和城市群，打造一批主业突出的文化产业园区和若干文化产业集群平台，促进长江经济带文化产业交流合作。

特色文化产业发展工程：支持规划实施一批特色文化产业项目，支持地方建设一批特色文化小（城）镇，培育特色文化企业、产品和品牌。支持在边疆地区、贫困地区、革命老区和少数民族地区建设具有富民效应和示范效应的文化产业集聚区。

藏羌彝文化产业走廊建设：加快推进藏羌彝文化产业走廊建设，引导实施一批文化资源有效保护与产业转化项目，培育各具特色的民族文化产业产品和品牌，打造藏羌彝文化旅游带，促进文化产业与民族文化传承保护、生态、旅游融合发展。

（三）培育壮大各类市场主体，增强发展内生动力

进一步完善文化市场准入和退出机制，培育和壮大各类文化市场主体，鼓励各类市场主体公平竞争、优胜劣汰，推动形成不同所有制文化企业共同发展、大中小微文化企业相互促进的文化产业格局。

1. 培育骨干文化企业。培育一批核心竞争力强的骨干文化企业，鼓励产业关联度高的文化企业以资本为纽带联合重组，推动跨地区跨行业跨所有制并购重组，提高文化产业规模化、集约化、专业化水平。充分发挥国有文化企业在实现社会效益和经济效益相统一中的示范作用，推动建立健全有文化特色的现代企业制度，完善法人治理结构，推进公司制、股份制改革。鼓励和引导非公有制文化企业发展，引导非公有资本有序进入、规范经营，营造公平参与市场竞争、同等受到

法律保护的环境。加强对国家文化产业示范基地的规范管理，进一步提升其示范、带动和辐射作用。

2. 支持中小微文化企业发展。推动文化产业发展与"大众创业、万众创新"紧密结合，扶持文化领域创新创业，支持"专、精、特、新"中小微文化企业发展。鼓励社会各方面参与文化领域创新创业。支持文化企业孵化器、众创空间、公共服务平台建设，为文化领域创新创业和中小微文化企业发展提供生产经营场地和信息咨询、投融资、知识产权等各项服务。鼓励互联网创业平台、交易平台等新型创业载体发展，拓宽中小微文化企业创业发展渠道。加强对中小微文化企业经营管理的培训和辅导。

3. 完善文化产业园区建设。加强对各级各类文化产业园区的规范管理，突出文化内涵、主导业态，引导特色发展、融合发展、创新发展，防止盲目投入和低水平、同质化建设。进一步完善国家级文化产业示范园区创建工作，提升国家级文化产业园区的引领示范效应。推进国家文化产业创新实验区、国家动漫产业综合示范园建设，形成面向区域和行业发展的协同创新中心。严格国家级文化产业园区命名标准，建立文化产业园区评价指标体系和评估机制，强化动态管理，完善退出机制。支持地方合理规划建设特色文化产业园区。

专栏3　文化市场主体培育

中小微文化企业扶持：加大对中小微文化企业和文化领域创业者的扶持力度，进一步完善和落实支持中小微文化企业发展的政策措施，解决中小微文化企业发展困难，营造良好发展环境。

国家级文化产业示范园区创建：在全国确定一批具有一定产业集聚效应和特色的文化产业园区，通过规划管理和创建，形成一批社会效益和经济效益显著、发展特色鲜明、创新能力突出、产业集聚度高、配套服务完善的国家级文化产业示范园区。

国家文化产业创新实验区建设：完善国家文化产业创新实验区建设的顶层设计，促进产业融合和协同创新，显著提升区域文化产业创新发展水平和辐射带动能力，推进北京全国文化中心建设，服务京津冀文化产业协同发展。支持在区域内积极探索文化产业政策落地方式方法和举措创新。

（四）扩大有效供给，更好满足需求

扎实推进文化领域供给侧结构性改革，以创新供给带动需求扩展，创新文化产品和服务供给方式，优化文化产品和服务供给结构，提升文化产品和服务供给质量，扩大文化产品和服务的有效供给，满足人民群众日益增长、不断升级和个性化的精神文化需求。

1. 加强对文化产品创作生产的引导。牢固树立以人民为中心的创作生产导向，坚持"二为"方向和"双百"方针，坚持创造性转化、创新性发展，引导文化产业工作者和文化企业坚定文化自信，自觉培育和弘扬社会主义核心价值观，着力提升文化产品的内涵和质量。鼓励深入发掘中华优秀传统文化，弘扬以爱国主义为核心的民族精神和以改革创新为核心的时代精神，培育精品意识，推出一批思想性、艺术性、观赏性相统一，体现中华文化精髓、反映中国人审美追求、传播当代中国价值观念、符合世界进步潮流的文化精品。坚持把价值取向、艺术水准、受众反应、社会影响等作为主要指标，建立健全科学合理的文化产品评价体系。

2. 推动文化创意产品开发。系统梳理传统文化资源，推动文化资源活起来，以中华美学精神引领创意设计，把传统元素与时尚元素、民族特色与世界潮流结合起来，创作生产更多优秀原创文化创意产品，扩大中高端文化供给。鼓励文化文物单位和社会力量深度合作，创作生产传承优秀传统文化、适应市场需要、满足现代消费需求的优秀文化创意产品。利用现代科技手段，推动文化内容形式、传播手段创新，提高文化创意产品原创能力和营销水平。加强数字文化创意内容创作与供给。

3. 创新文化产品和服务供给方式。大力开发适宜互联网、移动终端等载体的数字文化产品，促进优秀文化产品多渠道传输、多平台展示、多终端推送。引导文化企业提供个性化、分众化的文化产品和服务。积极推广政府向社会力量购买文化服务模式。积极推动众创、众包、众扶、众筹，鼓励企业采用个性定制、精准营销、社群共生、网络共享等模式提供文化产品和服务。

4. 加强文化品牌建设。鼓励和引导文化企业提升品牌培育意识及知识产权创造、运用、保护和管理能力，积极培育拥有较高知名度和美誉度的文化企业品牌和文化产品品牌。实施文化企业品牌建设行动计划，显著提升文化品牌公共服务水平。加快文化品牌智库建设，推动建设一批文化品牌实验室，支持和规范有关机构研究发布相关文化产业品牌排行榜。

5. 振兴传统工艺。鼓励传统工艺从业者、企业、行业组织和相关单位坚守工匠精神，加强质量意识、精品意识、品牌意识和市场意识，改进设计、改善材料、改良制作，全面提高传统工艺产品的整体品质和市场竞争力。鼓励和支持个人及相关单位激发创造活力，立足优秀传统文化，结合现代生活需求，丰富传统工艺的题材和产品品种，使传统工艺在现代生活中得到新的广泛应用。鼓励有条件的个人、单位和地方注册产品商标，培育有民族或地方特色的传统工艺知名品牌。鼓励各地搭建平台，将传统工艺品的设计、生产与文化创意产品开发、文化旅游等有机结合。

专栏4 扩大文化产品和服务有效供给

文化创意产品扶持计划：落实推动文化文物单位文化创意产品开发的政策措施，加强示范引领、平台搭建、展示推广，广泛调动博物馆、美术馆、图书馆等文化文物单位和社会力量参与文化创意产品开发的积极性。稳步推进试点工作，鼓励大胆探索创新。

文化企业品牌建设行动计划：依托文化部文化产业公共服务平台，建设文化品牌服务平台，加强文化品牌宣传，加快文化品牌数据库建设。培育一批具有较强影响力和竞争力的品牌文化企业，打造系列文化品牌和服务。加强文化企业品牌管理人才培养。

文化产业创业创意人才扶持计划：面向全国征集优秀设计、音乐等创意作品和人才，并予以扶持，建设文化产业创业创意人才库。依托重点文化产业展会、全国"大众创业、万众创新"活动周等平台，加强对优秀作品和人才的宣传推介，促进市场对接和成果转化。

（五）扩大和引导文化消费，拓展发展空间

适应和引领个性化、多样化的文化消费发展趋势，稳步推进引导城乡居民扩大文化消费试点工作，改善文化消费条件，释放文化消费需求，挖掘文化消费潜力，建立扩大和引导文化消费的长效机制。

1. 改善文化消费条件。加强文化消费场所建设，推动区域文化中心、文化街区、文化广场、小剧场、文艺演出院线等文化消费基础设施建设。支持大中城市建设文化娱乐综合体，鼓励把文化消费嵌入各类消费场所。鼓励社会力量通过政府购买服务、政府和社会资本合作等方式，参与文化设施的建设和运营，加强文化消费项目的拓展和创新。鼓励企业、机关、学校的文化设施通过合理方式面向社会开放。开发文化消费服务平台和文化消费信息数据库平台，完善文化消费综合信息服务，加强文化消费监测分析。积极开发新型文化消费金融支持和服务模式，创新文化消费信贷产品，进一步提高文化消费便利化水平。

2. 释放文化消费需求。充分发挥国家文化消费试点城市典型示范和辐射带动作用，以点带面，形成若干行之有效、可持续和可复制推广的促进文化消费模式。鼓励各地结合举办已有各类节庆、展览等活动，形成一批主题鲜明的文化消费活动品牌，营造积极健康的文化消费氛围。通过政府购买、税费补贴、积分奖励等多种手段，激发群众文化消费意愿，培育文化消费习惯，提高城乡居民文化消费能力。鼓励在商业演出中安排一定数量的低价场次或门票。鼓励网络文化运营商开发更多低收费业务和优质产品，促进数字文化消费。积极培育和发展农村文化消费市场。

专栏5　扩大和引导文化消费

促进文化消费计划：扩大试点范围，总结评估试点情况，形成若干行之有效、可持续和可复制推广的促进文化消费模式，研究提出扩大文化消费的政策措施。对文化消费数据进行分析利用，发布文化消费指数，引导文化企业扩大文化产品和服务的有效供给，逐步建立促进文化消费的长效机制。

（六）健全投融资体系，激发投资活力

进一步拓宽社会资本投资的领域和范围，激发社会投资活力，健全多层次、多元化、多渠道的文化产业投融资体系，完善金融支持文化产业发展的相关机制，着力解决金融服务有效供给与文化产业发展实际需求间的矛盾。

1. 拓宽社会资本进入领域。积极推广文化领域政府和社会资本合作模式。鼓励社会资本参与文艺院团等国有文化单位转企改制、公共文化设施的建设和运营、非物质文化遗产的保护和利用，参与重大文化项目和设施建设。用好各类型政府投资工具支持文化产业。会同有关部门落实鼓励和引导社会资本进入文化领域的各项政策措施，社会资本投资符合国家重点扶持方向的文化行业门类和领域，可给予扶持。

2. 创新融资方式。创新文化产业融资模式，推动文化资源与金融资本有效对接。鼓励金融机构加大产品和服务创新力度，开发适合文化企业特点的文化金融产品。积极探索文化资产管理、文化产业融资租赁、文化保险等业务创新。鼓励发展文化金融专营机构、特色支行、文化类小额贷款公司等专业化机构。支持符合条件的文化企业直接融资，进一步扩大文化企业上市融资、并购重组和债券融资规模。大力发展文化产业股权融资。引导面向文化领域的互联网金融业务规范发展。

3. 优化融资服务。开展文化与金融合作示范区创建工作。支持各地建立文化金融服务中心。积极推进文化企业无形资产评估、确权、登记、托管、流转服务。鼓励金融机构针对文化产业特点创新产品和服务，推广无形资产评估、流转和抵质押融资，完善文化企业信用评价体系、融资风险补偿机制和融资信用担保体系。完善文化产业金融服务中介机构，建立文化产业融资担保、保险、版权质押等投融资服务体系，构建多层次文化企业投融资风险补偿分担机制。

专栏6　健全投融资体系

文化金融创新工程：鼓励金融机构针对文化产业特点创新产品和服务，推广无形资产评估和质押融资，逐步健全文化企业信用评价体系、融资风险补偿机制和融资信用担保体系。支持文化企业利用资本市场上市融资、再融资和并购重组，研究设计"文创债"，扩大文化企业债券融资规模。

文化领域政府和社会资本合作（PPP）示范：推广实施文化领域政府和社会资本合作模式，征集适宜采用政府和社会资本合作（PPP）模式的文化项目。科学选择运营模式，认真做好评估论证，择优选择社会资本，加强项目的全生命周期监管，切实推进政府和社会资本合作（PPP）项目示范工作，形成一批可复制、可推广的示范案例，助推更多项目落地实施。

文化与金融合作示范区创建：选择部分文化产业发展成熟、金融服务基础较好的地区创建文化与金融合作示范区，发挥地方政府主体作用，探索建立文化、金融、财政等多部门沟通协作机制，引导和促进金融机构创新金融产品和服务模式，搭建文化与金融合作服务平台，优化文化与金融合作政策环境。

（七）加强科技创新与转化，提供发展支撑

建立健全以企业为主体、市场为导向、产学研相结合的文化技术创新体系，加强文化产业领域重大科技创新，着力推进新一代信息技术在文化产业领域的集成与应用。

1. 增强文化科技创新能力。围绕文化产业发展重大需求，运用数字、互联网、移动互联网、新材料、人工智能、虚拟现实、增强现实等技术，提升文化科技自主创新能力和技术研发水平。支持数字文化资源开发关键技术研究与应用，加快文化产品数字化、协同化步伐，加强文化领域重要装备、工艺、系统、技术平台等相关研究。加快文化行业标准和国家标准的制定修订，积极参与国际标准制定。增强文化行业标准化意识，提升标准化应用水平，构建文化行业标准规范体系。探索建立文化部工程技术研究中心，支持建立文化科技创新联盟及区域性文化科技协同创新平台，认定和建设一批文化部重点实验室。

2. 促进文化科技成果转化。完善文化科技成果转化机制，发挥企业主体作用，加强技术转移和科技项目成果应用，促进科技成果转化为文化生产力。建立健全舞台设备质量检测体系，提高文化科技装备国产化水平。完善文化科技成果统计，强化成果转化服务。

（八）完善现代文化市场体系，优化发展环境

进一步完善文化产品和要素市场建设，加强文化产品流通体系建设，建立健全文化市场监管体系，深化文化市场综合执法改革，加强知识产权保护利用，规范市场秩序，维护文化安全，加快构建统一开放、竞争有序、诚信守法、监管有力的现代文化市场体系。

1. 完善文化产品和要素市场。加快文化产品市场建设，加强内容建设，发展基于互联网的新型文化市场业态，丰富产品供给。鼓励各类企业依法从事传播渠道建设，支持发展电子票务、演出院线等现代

流通组织形式，建立互联互通、安全高效的文化产品流通体系。发挥各类信息网络设施和平台的文化传播作用，提升文化产品传播数字化、网络化水平。消除地区和行业壁垒，建立统一的市场准入退出制度，促进文化要素在健康有序的市场环境中高效流转，提高文化资源配置效率。加强人才、技术、信息、产权和中介服务市场建设，支持版权代理、文化经纪、评估鉴定、担保、推介等文化中介机构发展。

2. 健全文化市场监管体系。以文化市场信用信息数据库建设为基础，以信息公开为监督约束手段，以警示名单和黑名单为基本制度，以行业协会开展信用评价、分类评定为辅助，构建守信激励、失信惩戒和协同监管机制。积极探索适合新技术、新业态、新模式特点的监管方式，既要有利于营造公平竞争环境，激发创新创造活力，又要审慎有效、防范风险。以网络音乐、网络游戏、网络动漫、网络表演等市场为重点，开展"双随机一公开"抽查，及时向社会公开随机抽查事项、程序和结果。加强网络表演市场日常巡查，加强对网络表演者的信用约束，指导行业协会加强内部监督和行业自律。加强文化市场安全生产监督检查，明确文化市场安全生产职责。加强以案件为导向的执法培训，提高综合执法队伍执法办案能力。针对突出问题开展专项整治，加强重大案件督查督办。严查文化市场禁止内容，规范文化市场秩序，净化文化市场环境，维护国家文化安全和意识形态安全。

3. 深化文化市场综合执法改革。建设文化市场综合执法法律法规支撑体系，形成责权明确、监督有效、保障有力的文化市场综合执法管理体系，建设一支政治坚定、行为规范、业务精通、作风过硬的文化市场综合执法队伍。进一步整合文化市场执法权，加快实现跨部门、跨行业综合执法。制定文化市场综合执法规范化标准，提高全国综合执法队伍专业化、规范化水平。加强文化市场综合执法区域交流协作，实施中西部地区文化市场综合执法能力提升行动计划，完善综合执法协作机制。

4. 加强知识产权保护与利用。推动完善适应文化产业发展要求的知识产权法律制度，健全知识产权侵权查处机制，加大知识产权保护力度。重点加强网络文化知识产权保护制度建设，有效应对互联网等新技术发展的挑战。完善文化产权交易体系，引导文化产权交易场所规范发展。进一步推动对文化创意作品及形象的专利申请、商标注册、软件著作权保护，加大对文化市场主体在知识产权确权登记环节的扶持力度。

专栏7　完善现代文化市场体系

完善网络文化内容监管体系：加强网络文化市场事中事后监管，完善监管模式，构建全网筛查、全国协作、标准统一、步调一致的网络文化市场执法机制，严禁含有法律法规禁止内容的网络文化产品传播，不断净化和规范网络文化环境，营造清朗网络文化空间。加强网络文化市场日常巡查，全面实施"双随机一公开"。针对网络文化市场突出问题开展专项整治，加强重大案件督查督办。

健全文化市场信用体系：完善文化市场信用信息数据库，涵盖全国90%以上的文化市场经营主体。定期公布文化市场违法违规经营主体和文化产品黑名单、警示名单，对文化市场经营主体实行分级分类管理。建立文化市场信用管理规章制度，指导行业协会开展行业标准及规范建设。健全文化市场信用评价体系，与其他部门建立信用信息交互共享及联合惩戒机制，向管理部门和公众提供便捷及时的文化市场信用信息服务。

（九）坚持开放发展，深度融入国际分工合作

按照国家构建开放型经济体制的总体要求，深度参与国际文化产业分工协作，研究制定和落实对外文化贸易相关政策措施，加快我国优秀文化产品、服务和文化企业走出去步伐，提升我国文化产业国际竞争力，构建互利共赢的文化产业国际交流合作新格局。

1. 培育文化企业国际合作竞争优势。培育一批具有国际竞争力的外向型文化企业,形成一批具有核心竞争力的文化产品和服务,打造一批具有国际影响力的文化品牌。鼓励各类所有制企业发挥自身优势,深度参与国际文化产业分工协作,全面提升在全球价值链中的地位。在优势领域加强国际标准制定和推广,抢占国际文化产业制高点。鼓励各类企业和资本通过新设、收购、合作等方式,在境外开展文化产业投资合作,建设国际营销网络,扩大境外优质文化资产规模。大力发展文化服务外包。提升民族文化品牌内涵,突出"中国创造"理念。配合商务部制定发布国家文化出口重点企业和重点项目名录,为入选企业和项目在市场开拓、技术创新、海关通关、金融服务等方面创造有利条件。

2. 搭建文化产品和服务走出去平台和渠道。深入发挥国家对外文化贸易基地作用,辐射和带动更多文化企业及其产品和服务走出去。鼓励文化企业参加国际重要文化展会,提升国内展会的国际化水平。鼓励文化企业借助电子商务等新模式新渠道拓展国际业务。借助"欢乐春节"活动等大型对外文化交流品牌,向世界展示推介我国优秀文化产品和服务。加强对外文化贸易公共信息服务,向文化企业发布海外文化市场信息。

3. 拓展文化产业国际交流合作新空间。坚持走出去和引进来相结合,吸引外商投资我国法律法规许可的文化产业领域,推动文化产业领域有序开放,提升引进外资质量和水平。建立健全双边、多边政府间文化贸易对话与合作机制,积极参与国际文化贸易规则制定,不断增加国际话语权。鼓励文化企业与国外有实力的文化机构进行合作,学习先进技术和管理经验,不断提升我国文化产业面向国际市场的综合能力。配合"一带一路"建设、京津冀协同发展和长江经济带发展等重大战略,推动沿线城市积极开展对外文化贸易,扩大沿边地区与周边国家和地区的文化贸易往来,发挥各地自贸区开展文化贸易的优势和潜力，引导中西部地区文化贸易发展，形成全方位对外文化贸易格局。

专栏8　国际文化产业分工合作

动漫游戏产业"一带一路"国际合作行动计划：发挥动漫游戏产业在文化产业国际合作中的先导作用，面向"一带一路"沿线各国，聚焦重点，广泛开展。搭建交流合作平台、开展交流推广活动，促进互联互通，构建产业生态体系。发挥中国动漫游戏产业比较优势，培育重点企业，实施重点项目，开展国际产能合作，实现中国动漫游戏产业与沿线国家合作规模显著扩展、水平显著提升，促进互利共赢，为青少年民心相通发挥独特作用。

三　坚持创新驱动，促进重点行业全面发展

落实创新驱动发展战略，促进演艺、娱乐、动漫、游戏、创意设计、网络文化、文化旅游、艺术品、工艺美术、文化会展、文化装备制造等行业全面协调发展，以重点行业的跨越式发展助推文化产业成为国民经济支柱性产业。

（一）演艺业

"十三五"期间，打造一批深受人民群众喜爱、久演不衰的精品剧目，支持建设10家左右全国性或跨区域的文艺演出院线，大幅提升城乡居民演艺消费规模。通过政府购买服务、原创剧目补贴、以奖代补等方式，扶持演艺企业创作生产，增强面向市场服务群众的能力。加强舞美设计、舞台布景创意和舞台技术装备创新，丰富舞台艺术表现形式。鼓励演艺企业创作开发体现中华优秀文化、展示当代中国形象、面向国际市场的演艺精品。探索科学的剧场建设和运营模式，加快推进以演出剧场为中心的演艺产业链建设，建立布局合理、场团合一、创作生产与市场销售为一体的演出产品经营机制。加快演艺基础

设施建设改造和文艺演出院线建设。培育旅游演艺市场，丰富旅游演艺产品。鼓励建立规范透明票务系统，提供优质便民服务。

（二）娱乐业

"十三五"期间，推动娱乐业自主创新，显著提升娱乐场所品牌化、标准化、规范化水平和服务质量。推动娱乐场所标准化建设。鼓励娱乐场所跨区域连锁经营，鼓励连锁场所入驻城市文化娱乐综合体。引导和扶持各种竞技比赛与游戏游艺行业融合发展。推动娱乐场所品牌建设，打造具有较大产业规模和较强竞争力的娱乐业品牌。鼓励企业开发拥有自主知识产权的娱乐设备和拥有自主知识产权、内容健康的娱乐产品。科学规划、适度发展科技含量高、富有中国文化特色的主题公园。支持高科技娱乐企业发展，积极开发具有民族特色、健康向上和技术先进的新型娱乐方式，创新娱乐业态。探索对娱乐场所开展环境服务分级评定。促进娱乐业与休闲产业结合。

（三）动漫业

到 2020 年，预计动漫产业产值达到 2500 亿元左右，动漫创意和产品质量大幅提升，培育一批在国际上具有较强竞争力和影响力的国产动漫品牌和骨干动漫企业，打造 3—5 个具有广泛影响力的动漫展会。加强产业顶层设计，构建产业生态体系，推进动漫产业提质升级。提升动漫产品质量，扶持内容健康向上、富有创意的优秀原创动漫产品的创作、生产、传播和消费。培育民族动漫创意和品牌，加大对优秀动漫创意人才的扶持力度。推广手机（移动终端）动漫行业标准，鼓励面向新媒体渠道的动漫创作。加强动漫关键技术研发和动漫公共素材库项目建设。探索建设培育动漫品牌授权市场，促进动漫与实体经济的深度融合，引导促进动漫会展发展，活跃动漫消费市场。

（四）游戏业

到 2020 年，预计游戏业市场规模达到 3000 亿元左右，培育一批具有较强品牌影响力和国际竞争力的骨干游戏企业，创作生产一批内容健康向上、富有民族特色的游戏精品。推进游戏产业结构升级，推动网络游戏、电子游戏等游戏门类协调发展，促进移动游戏、电子竞技、游戏直播、虚拟现实游戏等新业态发展。制定游戏内容开发指引，鼓励游戏创意研发，建立有力的游戏评价奖惩体系。鼓励研发具有自主知识产权的网络游戏技术、电子游戏软硬件设备，鼓励游戏游艺设备生产企业积极引入体感、多维特效、虚拟现实、增强现实等先进技术。鼓励游戏游艺场所积极应用新设备、改造服务环境、创新经营模式。推动游戏与教育、医疗、环保、科普等领域相结合，加快研发适应不同年龄、性别、职业用户群体，益智化、健身化、技能化的游戏产品，为不同用户人群提供多样化的游戏消费选择。

（五）创意设计业

"十三五"期间，培育3—5家国内外知名的领军创意设计企业和一批具有较强竞争力的中小微创意设计企业，全面提升创意设计业发展水平，充分发挥创意设计对国民经济相关产业的支撑作用。树立注重创意创新、淡化行业界限、强调交互融合的大设计理念，营造创意设计氛围，不断提高创意设计能力。推动民族文化元素与现代设计有机结合，形成有中国文化特色的创意设计发展路径。促进创意设计与现代生产生活和消费需求对接，拓展大众消费市场，探索个性化定制服务。培育具有地方特色的创意设计企业。支持创意设计推广、品牌展示活动。

（六）网络文化业

到2020年，推动形成内涵丰富、技术先进、链条完整的网络文化业态发展格局，进一步增强网络文化的核心竞争力。提高网络音乐、网络动漫、网络演出、网络表演、网络艺术品等网络文化产品的原创能力和文化品位，发展健康向上的网络文化。鼓励文化内容与网络技术结合，不断创新文化业态，丰富文化表现形式。支持制作适合互联网和移动互联网传播的精品佳作，促进优秀传统文化和当代文化精品网络传播。深化互联网上网服务行业转型升级。鼓励和引导上网服务场所与电子竞技、游戏游艺、网络教育、电子商务等领域的跨界融合，发挥上网服务场所的区位优势、场地优势和技术优势，增加行业发展后劲。

（七）文化旅游业

到 2020 年，文化与旅游双向深度融合，促进休闲娱乐消费的作用更加明显，培育 5—10 个品牌效应突出的特色文化旅游功能区，支持建设一批有历史、地域、民族特色和文化内涵的旅游休闲街区、特色小（城）镇、旅游度假区，培育一批文化旅游精品和品牌。鼓励文化创意、演艺、工艺美术、非物质文化遗产等与旅游资源整合，开发具有地域特色和民族风情的旅游演艺精品和旅游商品。提升文化旅游产品开发和服务设计水平，促进发展参与式、体验式等新型业态。支持开发集文化创意、旅游休闲、康体养生等主题于一体的文化旅游综合体。扶持旅游与文化创意产品开发、数字文化产业相融合。推进区域文化旅游一体化发展，支持培育一批跨区域特色文化旅游功能区。支持民族特色文化旅游繁荣发展，支持设计开发民族文化体验项目，促进文化生态旅游融合。

（八）艺术品业

到 2020 年，中国艺术品市场交易总额保持在全球前列，形成 2—3 家具有世界影响的艺术品产业集聚区，积极构建艺术原创、学术评价、艺术品市场互为推进的艺术品业发展体系。加强艺术品市场监管力度，建立健全集艺术品评估、鉴定、拍卖、展示、保险等服务于一体的艺术品交易全产业链。支持多种艺术形式、艺术风格、艺术流派创新发展，鼓励创作更多思想性艺术性观赏性俱佳的艺术品。加强艺术品市场需求和消费趋势预测研究，促进艺术创作与市场需求对接、与生活结合。推动画廊业健康发展，培育诚信画廊，扶持经纪代理制画廊等市场主体，引导、培育和建设艺术品一级市场。鼓励原创新媒体艺术发展。鼓励开发艺术衍生品和艺术授权产品，培育艺术品市场新增长点。

（九）工艺美术业

"十三五"期间，培育一批具有较高知名度和广泛影响力的工艺美术品牌，建设一批工艺美术产业集聚区或基地，坚持保护传承和创新发展相结合，促进工艺美术业全面发展。促进工艺美术与现代设计、现代生活相结合，提升工艺美术产品的整体品质。推进3D打印、互联网等新技术与工艺美术的融合发展，促进新工艺、新材料、新设备和新模式的运用。加强对各类小微特色工艺美术企业和个体创业者的扶持，支持个体创作者、工作室、合作社、协作体和产业联盟等特色组织发展。

（十）文化会展业

"十三五"期间，打造3—5个市场化、专业化、国际化的重点文化产业展会，培育知名品牌展会，充分发挥示范和带动作用。提升会展业精细化服务能力，健全会展服务产业链，加强专业化分工，促进产业链上下游之间的协同合作。优化会展业布局，鼓励产业特色鲜明、区域特点显著的文化展会发展。采取文化展会差异化发展战略，促进综合性和专业化展会有机协调。加强对地方文化展会和节庆活动的规范和引导。

（十一）文化装备制造业

"十三五"期间，培育一批骨干文化装备企业，构建完善的文化装备研发、设计、制造、安装、租赁、销售产业链。适应沉浸体验、智能交互、软硬件结合等发展趋势，促进文化装备技术研发和升级改造，加强标准、内容和技术装备的协同创新。鼓励研发具有自主知识产权、引领新型文化消费的可穿戴设备、智能硬件、沉浸式体验平台、应用软件及辅助工具。加快新型灯光、音响、机械、视效、特效、智能展示等研发应用，提升艺术展演展陈数字化、智能化、网络化水平。

支持文物和艺术品展陈、保护、修复设备产业化及应用示范。推动文化装备制造技术标准走出去。

四 提升治理能力，完善发展保障体系

加快推进文化治理体系和治理能力现代化，创新文化产业发展的体制机制，进一步完善文化产业政策法规体系，加快文化产业促进法立法进程，落实完善文化经济政策，强化人才支撑，优化公共服务，加强统计应用，全面营造有利于文化产业发展的良好环境。

（一）创新体制机制

坚持党委领导、政府管理、行业自律、社会监督、企业依法运营，建立健全文化产业管理体制和运行机制。深化文化行政部门职能转变，深入推进行政审批制度改革，加强事中事后监管，促进简政放权、放管结合、优化服务。健全国有文化资产管理体制机制。推动文化企业建立健全有文化特色的现代企业制度，完善社会效益和经济效益综合考核评价指标体系。加强博物馆、美术馆、图书馆等文化文物单位运行体制机制改革创新，推进文化创意产品开发。推进文化产业领域行业组织建设，健全内部管理制度，积极发挥行业组织在行业自律、行业管理、行业交流等方面的重要作用。推动文化产业发展与文化安全工作有机结合，通过提升文化产业整体实力和竞争力、加强文化市场建设，提升国家文化安全保障能力，有效维护国家文化安全。

（二）推进法治建设

加快制定出台文化产业促进法，把行之有效的文化经济政策法定化，健全促进社会效益和经济效益有机统一的制度规范。推动出台《文化市场综合行政执法管理条例》，修订《营业性演出管理条例》《互联网上网服务营业场所管理条例》《娱乐场所管理条例》等。建立健全重大决策合法性审查和公平竞争审查工作制度。加强互联网文化管理法规制度建设。深化文化市场综合行政执法改革，全面落实行政

执法责任制。

（三）完善经济政策

结合文化产业发展实际需要，加大政策创新和执行力度，进一步推动完善文化经济政策体系，加强对政策落实情况的评估督导。创新政府投入方式，逐步引入市场化运作模式，加大对具有较好市场前景、战略性、先导性的文化产业创新创业项目支持力度。争取各类财政资金、基金加大对文化产业的支持力度，提高资金使用效益。鼓励文化产业类投资基金发展，综合运用设立基金、阶段参股、风险补助和投资保障等方式吸引社会资本投入文化产业。研究出台文化产业专项债券发行指引。推动将文化用地纳入城乡发展规划、土地利用总体规划，在国家土地政策许可范围内，优先保证重要文化产业设施、项目用地。鼓励将城市转型中退出的工业用地根据相关规划优先用于发展文化产业。鼓励将旧厂房、仓库改造成文化创意场所，推动落实在五年内继续按原用途和土地权利类型使用土地的过渡期政策。持续推动落实经营性文化事业单位转制为企业、支持文化创意和设计服务发展、支持动漫产业发展、发展对外文化贸易、支持小微文化企业发展等税收优惠政策。

（四）强化人才支撑

以产业发展为导向，以高端内容创作、创意设计、经营管理、投资运营、数字文化、文化金融等人才为重点，加强对文化产业人才的培养和扶持，为文化产业发展提供强有力的人才支撑。针对文化产业发展重点领域，办好各类人才培训班、研修班。推动文化产业相关学科专业建设，鼓励有条件的高等学校、中等职业学校和其他教育机构等开设文化产业相关专业和课程。发挥高校院所、培训机构、文化企业、园区基地、众创空间、孵化器等各自优势，推进产学研用合作培养人才。鼓励有条件的地区出台文化产业高端人才引进政策。鼓励通过"走出去、请进来"的方式，加强与各国文化产业界的交流合作，培养国际化人才。加强文化产业领域智库建设，鼓励各地结合实际建设文化产业专业智库，发挥好文化产业研究和咨询机构、文化产业专家委员会等在理论创新、智力支持、督查指导和项目评审等方面的作用。

（五）优化公共服务

持续推进文化部文化产业公共服务平台建设，增强综合信息服务、项目宣传推介、公共技术支撑、投融资服务、资源共享、统计分析等功能。鼓励和支持各地建设文化产业服务、孵化平台，促进文化企业创新，降低创业成本。建立支撑文化市场宏观决策、市场准入、综合执法、动态监管等核心应用的文化市场技术监管系统，形成统一的信息共享平台、信用服务平台、业务关联平台、应用集成平台和技术支撑平台。建设文化消费服务平台，引导文化企业扩大文化产品和服务的有效供给。

（六）加强统计应用

加强与统计部门沟通合作，建立部门间文化产业数据共享机制。开展文化产业数据调查工作，推动各地文化行政部门建立数据统计机制。建设文化产业数据统计平台，设立数据监测点，采取多种手段丰富数据来源，逐步建立文化系统文化产业数据调查机制。加强对文化产业数据的分析研究，做好数据应用工作，提升文化产业工作决策科学化水平。

（七）抓好组织实施

各级文化行政部门要充分认识"十三五"时期文化产业发展的重要意义，积极推动各级党委和政府把文化产业发展摆在重要位置，在党委和政府的领导下，立足地方实际，把握产业发展规律，突出地方特色，认真抓好《文化部"十三五"时期文化产业发展规划》的组织实施，加强对规划落实情况的监督检查。要认真履行职责，加强与发展改革、财政、税务、金融、教育、科技、工业和信息化、国土资源、商务、旅游、统计等部门的沟通协调,争取各项政策对文化产业发展的支持,确保各项任务措施落到实处。

(资料来源:中华人民共和国文化和旅游部网站,网站链接:http://zwgk.mct.gov.cn/auto255/201704/t20170420_493300.html.)

后 记

时光步履匆匆，回首往事感慨万千。2000年9月12日，我负笈来京求学，走出积水潭地铁口，拐个弯就来到新街口外大街。我拖着厚重的行李走向北京师范大学的南门时，心中充满了对未来的无限期待和憧憬。2003年7月8日，我毕业后到首都师范大学报到，那时校园主干道两侧的白杨树摇曳着片片树叶，欢迎我这远道而来的新人，期待我在平凡的岗位上奉献青春岁月。年年岁岁花相似，岁岁年年人不同，在首都师范大学工作期间，我始终坚持不忘初心、无愧我心，以一名光荣的人民教师的标准严格要求自己。在这里，我收获了成长。

2015年5月4日，在五四青年节这一天，我荣幸地与北京交通大学结缘，在北京交通大学中国产业安全研究中心博士后科研工作站度过四年的时光。在这四年里，我的每一点滴进步都离不开老师、家人和朋友们的鼓励和支持。首先，我要衷心感谢张文松教授，张老师严谨的治学态度和科学的工作方法给了我极大的帮助和启发。在张老师的鼓励下，我参加了两次博士后西部服务团，为我的研究工作积累了一手文献资料。在博士后报告开题阶段，张老师鼓励我将科学研究与工作实践相结合，为我的职业规划指明了方向；在报告撰写阶段，张老师提醒我注重搜集一些产业转移和区域研究的资料，为我的研究打开了新的视角。此外，张老师还将其他博士后的出站报告提供给我，以供我参考和学习；

张老师每次都会将学术报告的信息通过微信、短信等方式发给学生们，鼓励大家多学习，多交流，共同提高。在张老师的鼓励下，"'一带一路'视域下国内文化产业发展路径研究"项目入选 2019 年北京市教育委员会资助的北京高等学校高水平人才交叉培养"实培计划"项目。张老师谦虚儒雅的品格和关心学生成长的恩情深深地感动和激励着我不断进步。

同时，还要衷心感谢李孟刚教授，李老师学识渊博、为人谦和低调。我在博士后工作站工作的几年间，李老师多次将重要的学术讲座信息通过微信等方式传达给博士后，还鼓励我们既要精于学术，还要培养政治觉悟，不要人云亦云，随波逐流。正是有了李老师的鼓励和支持，本书才得以面世。

在此，还要感谢李建革、陈梦佳和贾晓俊等老师以及同门兄弟姐妹对我的关心和鼓励。老师们的谆谆教导和同门兄弟姐妹的帮助让我获得了继续前进的动力。首都师范大学的本科生丛依萌、邬夏钦和赵银霞参与了"'一带一路'视域下国内文化产业发展路径研究"项目，在本书出版过程中，她们参与了初稿的校对、第二稿的修订工作，在此一并表示感谢。

感谢我的家人，他们在我的学术研究中给了我巨大的精神支持和勉励，使我无后顾之忧，潜心学术，在知识的海洋中有所获。

感谢在本书出版过程中辛勤付出的每一位老师、工作人员与未来的每一位读者。你们的鼓励与批评，将会使我的研究工作更加具有方向性和提升的空间。

另外，因本人学识有限，文中的疏漏及不足之处皆由我本人负责，与他人无关，特此说明。

赵山花
2019 年 10 月

图书在版编目(CIP)数据

文化产业发展路径与安全预警机制研究：以丝绸之路经济带沿线省区市为背景/赵山花，李孟刚著. -- 北京：社会科学文献出版社，2020.8
(北京交通大学哲学社会科学研究基地系列丛书)
ISBN 978-7-5201-7138-0

Ⅰ.①文… Ⅱ.①赵… ②李… Ⅲ.①文化产业-产业发展-研究-中国②文化产业-安全-预警系统-研究-中国 Ⅳ.①G124

中国版本图书馆 CIP 数据核字(2020)第 153597 号

北京交通大学哲学社会科学研究基地系列丛书
文化产业发展路径与安全预警机制研究
——以丝绸之路经济带沿线省区市为背景

著　　者／赵山花　李孟刚

出 版 人／谢寿光
组稿编辑／周　丽
责任编辑／张丽丽　徐崇阳
文稿编辑／汪延平

出　　版／社会科学文献出版社·城市和绿色发展分社（010）59367143
　　　　　地址：北京市北三环中路甲29号院华龙大厦　邮编：100029
　　　　　网址：www.ssap.com.cn
发　　行／市场营销中心（010）59367081　59367083
印　　装／三河市尚艺印装有限公司

规　　格／开　本：787mm×1092mm　1/16
　　　　　印　张：12.25　字　数：162千字
版　　次／2020年8月第1版　2020年8月第1次印刷
书　　号／ISBN 978-7-5201-7138-0
定　　价／98.00元

本书如有印装质量问题，请与读者服务中心（010-59367028）联系

▲ 版权所有 翻印必究